Stefano Bocciolesi

Da museo a giardino

Stefano Bocciolesi

Da museo a giardino

La Tradizione in Yves Congar

Edizioni Sant'Antonio

Cover image: www.ingimage.com

Publisher:
Edizioni Accademiche Italiane
is a trademark of
International Book Market Service Ltd., member of OmniScriptum Publishing Group
17 Meldrum Street, Beau Bassin 71504, Mauritius

Printed at: see last page
ISBN: 978-613-8-39157-9

Indice

Introduzione ... **3**

Capitolo primo ... 7

Contesto storico e teologico del problema Tradizione

Parte prima

Dal Concilio di Trento alla Teologia Manualistica ... 7

1.1 Il Concilio di Trento e il Decretum de Libri sacri et de Traditionibus recipiendis ... 7

1.2 La scuola Teologica Romana: Franzelin e il De divina Traditione et Scriptura ... 14

1.3 "Gesù annunciava il Regno ed è la Chiesa che è venuta": la crisi modernista ... 16

1.4 La Tradizione da "museo" della teologia manualistica ... 19

Parte seconda

I precursori di una rinnovata teologia della Tradizione ... 24

2.1 La Tradizione "viva" della scuola di Tubinga ... 24

2.2 La Tradizione come "sviluppo" in J. H. Newman ... 26

2.3 Storia e Dogma di Maurice Blondel ... 28

2.4 Il Cambio di paradigma: Holstein e Geiselmann ... 29

Parte terza

Inquadramento storico-teologico di Yves Congar ... 32

3.1 Le Saulchoir: una scuola di teologia ... 32

3.2 Ives Marie Congar: profilo di un profeta della Tradizione ... 35

Capitolo secondo ... 43

La Tradizione nella vita della Chiesa in Yves Congar

1.1 Tradizione e tradizioni ... 43

1.2 I Soggetti della Tradizione ... 48

1.2.1 Lo Spirito Santo, soggetto trascendente della Tradizione ... 49

1.2.2 La Chiesa, soggetto visibile e storico della Tradizione ... 51

1.3 Il contenuto della Tradizione: Tradizione e Scrittura ... 56

1.4 La Tradizione come sviluppo ... 60

1.5 I "monumenti" o testimoni della Tradizione ... 64

1.5.1 La Liturgia ... 65

1.5.2 I Padri della Chiesa ... 67

1.5.3 Le espressioni spontanee del cristianesimo ... 69

1.6 La Tradizione in dialogo: la sfida ecumenica ... 70

1.7 La Tradizione è la vita della Chiesa ... 74

Capitolo terzo 75
Recezione della teologia di Congar al Vaticano II
Parte prima
Yves Congar al Concilio Ecumenico Vaticano II 76
1.1 Congar al Concilio 76
1.2 Congar e la "sua" visione del Concilio 83
Parte seconda
La recezione della teologia della Tradizione di Congar nella Dei Verbum 87
2.1 La Dei Verbum: un testo al cuore del Concilio 87
2.2 La recezione nella Dei Verbum della teologia della Tradizione di Congar 97

Conclusioni 105

Introduzione

Perché una tesi sulla Tradizione nella Chiesa a partire dalle riflessioni di un eminente teologo del secolo scorso come Yves Congar? È mia personale opinione che molta crisi della teologia oggi dipenda da una non corretta comprensione, dovuta anche alla carenza di studi e riflessione, del concetto di Tradizione[1]. Molti teologi hanno spesso di quest'ultima un'idea vaga e spesso fuorviante per cui è quanto mai utile riflettere sulla Tradizione ecclesiale, chiarendone la funzionalità del concetto e incominciando a districarsi all'interno di quella polisemia di significati, non proprio sinonimi, insiti nel concetto stesso di Tradizione. Ciò non costituisce un mero esercizio intellettuale ma ha importanti ricadute sul piano ecclesiale e pastorale da non trascurare.

E perché si è deciso di riflettere sulla Tradizione a partire da Congar? Perché Congar, teologo domenicano francese, figlio spirituale di S. Tommaso d'Aquino e discepolo, poi amico e collega, di Padre Chenu, ha avuto il pregio di entrare nel merito del termine tradizione e del suo contenuto a partire dalla riscoperta delle fonti biblico-patristiche. Con lui è definitivamente cambiato il paradigma interpretativo con cui, all'interno delle scuole romane, si insegnava a guardare alla tradizione. Le sue riflessioni, come vedremo, sono state fondamentali nell'elaborazione del II capitolo della costituzione dogmatica *Dei Verbum* del Concilio Ecumenico Vaticano II e andrebbero rispolverate anche oggi come antidoto ad una cattiva recezione del concetto di tradizione.

Il metodo utilizzato come approccio alle questioni poste, specie nel primo e nel terzo capitolo, è un'analisi storico-critica delle idee. È un metodo che si pone a metà strada tra un'analisi dogmatico-teoretica e una storico-critica. Consiste nel compiere una riflessione sull'idea teologica di tradizione a partire, però, da una precisa contestualizzazione storica. Non esiste infatti, come vedremo, un concetto

---

1 H. J. Pottmeyer v. *Tradizione,* in *Dizionario di Teologia Fondamentale,* a c. di R. Lautorelle-R. Fisichella, Assisi: Cittadella editrice, (1990), col. 1341-1349.

di tradizione statico e sempre uguale a sé stesso ma, al contrario, vi è nel corso dei secoli uno sviluppo progressivo di questa idea teologica. L'errore in questo versante sta nell'evocare un dogmatismo metodologico che non tiene conto dello sviluppo storico e fa della tradizione un concetto assoluto.

Si prenderà, dunque, in considerazione la storia del concetto di tradizione a partire dal Concilio di Trento e il decreto tridentino sui libri sacri e le tradizioni non scritte ce lo ha consegnato. Soprattutto sarà interessante notare come il decreto tridentino, in realtà, rappresenti un momento di grande riflessione teologica, non contrassegnato unicamente da una intenzione apologetica nei confronti della riforma protestante, e in sintonia e continuità, per certi aspetti, con la riflessione portata avanti dal Vaticano II. Il problema, anche in questo caso, sarà di una non adeguata ricezione del decreto tridentino e sarà proprio questa cattiva ricezione che arriverà fino alle soglie del Concilio Vaticano II come rappresentante ufficiale della manualistica. Contro questa scuola si ergerà "profetica" la voce di Congar e di altri periti conciliari al fine di un recupero del vero senso della tradizione che, nel corso dei secoli, si era un po' offuscato a motivo di molteplici ragioni di carattere storico. Basta annoverare che dalla fine del primo secolo la preoccupazione principale degli autori cristiani sarà quella di definire sempre meglio e sempre più il contenuto della propria fede a motivo del confronto con lo gnosticismo che porterà, fin dai tempi dell'ultimo Paolo, a manifestare una preoccupazione identitaria sempre più marcata. Questo porterà a calcare la mano sul deposito della fede e sul contenuto da trasmettere e a non considerare a sufficienza l'aspetto soggettivo e relazionale della tradizione che, nel primo Paolo e in tutta la tradizione ebraica, era ben presente. Congar riuscirà attraverso un attento studio a recuperare questo aspetto della tradizione, analizzando quelle "fonti" primordiali in cui non ci si sentiva ancora assediati dai "nemici" della fede e la tradizione veniva concepita come un partecipare attivamente ad una dimensione ecclesiale di testimonianza, dove l'aspetto fenomenologico e dinamico assurgeva ad un ruolo di grande importanza. Già in queste prime battute è evidente come il vero rinnovamento passi necessariamente attraverso il recupero del passato e attingendo alle sue fonti, con libertà di spirito e senza farsi bloccare mentalmente da dei periodi storici che non vanno mai assolutizzati ma, semmai, collocati e contestualizzati dentro il loro tempo. È interessante, in questo caso, come uno studioso e un cultore di S. Tommaso d'Aquino non si lasci intorbidire la mente e "bloccare" nel suo sviluppo teologico dal tomismo ma sappia utilizzare le categorie teologiche di S. Tommaso proprio per uscire dal vicolo cieco della teologia dei manuali che non era altro che uno scadente esercizio statico, intellettualistico, formale e giuridico che poco aveva in comune con lo stesso S. Tommaso. Dalla storia del concetto di tradizione e dall'humus teologico contrassegnato negli anni del pre-Concilio, passando anche attraverso una breve trattazione dei precursori di un moderno concetto di tradizione che fin dalla scuola teologica di Tubinga ha alimentato un pensare teologico a cui Congar sicuramente ha attinto per le sue riflessioni, mi inoltrerò nel pensiero teologico del Nostro, quanto mai attuale e troppo spesso dimenticato, per approdare, nel terzo capitolo alla recezione delle idee teologiche di Congar al Concilio Vaticano II e in particolare nella Costituzione Dogmatica sulla Divina Rivelazione *Dei Verbum* di cui si è cercato di tratteggiarne le varie fasi di sviluppo e l'apporto, peraltro fondamentale, di Congar nel redigere la Costituzione.

Capitolo primo

Contesto storico e teologico del problema Tradizione

Intento del presente capitolo, suddiviso in tre parti distinte, è delineare sommariamente lo sviluppo del pensiero teologico sulla Tradizione nel periodo compreso tra il Concilio di Trento e il Concilio Ecumenico Vaticano II al fine di comprendere la continuità e la discontinuità della riflessione di Congar sulla Tradizione, in rapporto al pensare teologico precedente. In particolare, nella terza parte, verrà tracciato un excursus relativo al background vitale e culturale del nostro autore, in riferimento alla scuola teologica di cui ha fatto parte e alla sua biografia storico-teologica.

Parte prima

Dal Concilio di Trento alla Teologia Manualistica

1.1 Il Concilio di Trento e il Decretum de Libri sacri et de Traditionibus recipiendis

Per comprendere a pieno qual era la comprensione della Tradizione nella vita della Chiesa nella visione preconciliare e per cogliere in profondità il cambiamento paradigmatico verificatosi con la teologia di un autore come Yves Congar è opportuno tracciare un breve excursus storico a cominciare dal Concilio di Trento, anche perché è dalla recezione, non sempre corretta, di quest'ultimo che ha inizio una concezione di Tradizione che Congar, attraverso un richiamo costante alle fonti biblico-patristiche, contribuirà non poco a riportare alla sua vera natura.

Il concilio di Trento (1543–1563) è stato un concilio abbastanza travagliato nello svolgimento: contrassegnato da due interruzioni dovute alla guerra e ad un'epidemia scoppiata a Trento che portò i padri a trasferire la sede conciliare a Bologna dal 1547 al 1551 e dalle prese di posizioni, visti i diciotto anni di Concilio, di tre diversi pontefici. Tutte queste vicissitudini in corso d'opera hanno gravato non poco sulle sorti del Concilio, generando delle difficoltà interne in termini di univocità e organicità delle sessioni conciliari. Il Concilio di Trento, il quale fu essenzialmente un concilio di vescovi diretto da tre cardinali legati guidati dal Pontefice, promulgò quattordici decreti dottrinali e tredici decreti di riforma della cura pastorale e della disciplina ecclesiastica facendo proprie le istanze controversistiche e apologetiche di quei teologi impegnati, da circa dieci anni, nel controbattere alle tesi della riforma luterana. È utile constatare che questo Concilio produsse dei chiarimenti importanti per quanto concerne la dottrina cattolica sul peccato originale, la grazia, la giustificazione, la messa e i sacramenti ma non affrontò a sufficienza il tema basilare della natura della Chiesa e le conseguenze di questa mancata trattazione furono che la dottrina sulla Chiesa, elaborata in chiave apologetica e antiluterana, concepita essenzialmente come istituzione e gerarchia divenne predominante nell'ecclesiologia cattolica fino al XX secolo[2].

Il Concilio di Trento si è espresso, per quanto riguarda il tema Tradizione, nella IV sessione, con il *Decretum De Libris Sacri et de Traditionibus recipiendis* dell'8 aprile 1546[3]. Già il titolo del presente decreto dimostra una impostazione del problema a livello dualistico con un'interpretazione prevalente in chiave formale e contenutistica, anche per rispondere a Lutero che aveva impostato il problema in quella specifica modalità. Si può considerare il fatto che il Concilio

---

2 J. Wicks, v. *Trento, concilio di,* in *Dizionario di Teologia Fondamentale,* col. 1349-1353. Si veda anche E. Cattaneo, *Trasmettere la fede, Tradizione, Scrittura e Magistero nella Chiesa, Percorso di teologia fondamentale,* Milano: Edizioni San Paolo, (1999), 127-128.

3 DzH 1501 cf. R. Fisichella, *La Rivelazione: evento e credibilità. Saggio di teologia fondamentale,* Bologna: Edizioni Dehoniane, (1985) 227-229.

di Trento non ha formalmente enunciato la teoria delle due fonti ma che questa impostazione del problema ha sicuramente favorito l'orientamento che poi ha prevalso. Il testo è un condensato molto complesso.

> Il sacrosanto concilio Tridentino ecumenico e generale,
> legittimamente riunito nello Spirito Santo ...
> ha sempre ben presente di dover conservare nella Chiesa, una volta tolti di mezzo gli errori, la stessa purezza del vangelo, che, promesso un tempo dai profeti nelle sante Scritture, il Signore nostro Gesù Cristo, Figlio di Dio, prima annunciò con la sua bocca, poi comandò che venisse predicato a ogni creatura (cf. Mc 16,15) dai suoi apostoli, quale fonte di ogni verità salvifica e di ogni norma morale.

Possiamo subito considerare che in questo primo periodo del decreto l'oggetto del discorso è il Vangelo che Trento, non avendo ancora elaborato una terminologia più appropriata, fa coincidere con il nostro termine teologico di Rivelazione. All'inizio viene annunciata l'autenticità della Chiesa e la sua fondazione divina: Cristo annuncia il vangelo, poi comanda che venga predicato dagli apostoli, ossia dalla Chiesa, la quale è stata incaricata da Cristo di annunciare e conservare il vangelo. Subito dopo si dichiara esplicitamente che il Vangelo è fonte. I padri conciliari scelsero questo termine proprio perché ammetteva una certa apertura e mobilità del concetto in questione. Ciò implicava un'idea di tradizione più dinamica ed attiva rispetto ad un semplice contenuto da trasmettere. Il termine "fonte" è un concetto aperto che equivale ad un inizio tutto da costruire. In altri termini Cristo non ha solo ordinato agli apostoli di ripetere qualcosa ma li ha coinvolti in qualcosa di nuovo, lasciandogli aperte delle prospettive. Va ricordato che vi era la proposta di utilizzare al posto del termine *fons*, il termine *regula*[4], ma questa proposta non venne accolta perché, nonostante fosse una parola più conosciuta in quanto utilizzata in ambito patristico, avrebbe favorito una interpretazione statica e chiusa della Tradizione. Osserviamo come, su questo punto, il Concilio di Trento è in perfetta sintonia con il Concilio Vaticano II e con quanto espresso dalla Costituzione Dogmatica *Dei Verbum.* Dunque Il Vangelo è

---

4 J. Wicks, v. *Regula Fidei,* in *Dizionario di Teologia Fondamentale,* col. 913-915.

la fonte, continua il decreto, di ogni verità salvifica e norma morale. Ciò implica il superamento della *sola Scriptura* in quanto accredita le tradizioni come realtà scaturite dall'unica fonte del vangelo e quindi anch'esse rivelate. La rivelazione divina, secondo il presente decreto, non si riduce dunque alla Scrittura ma la supera. La rivelazione diviene un messaggio che si traduce in applicazioni, discipline e norme morali dove al contenuto si affianca la messa in pratica. Questo perché il vangelo cammina con la storia e Cristo ha affidato alla Chiesa il compito di farlo incontrare con la vita concreta anche attraverso alcune norme. Ricordiamo che Lutero non negava l'esistenza delle tradizioni ma la loro origine soprannaturale e di conseguenza la loro autorità. Per Lutero è la Chiesa gerarchica e istituzionale ad aver prodotto le tradizioni e queste sono pertanto qualcosa di puramente umano e, addirittura, un impedimento alla fede e alla salvezza in quanto non in continuità con l'unica fonte divina accreditata: la Scrittura. Per contrastare questo pensiero il presente decreto aveva come scopo mostrare l'origine divina delle tradizioni e confermarne, di conseguenza, l'autenticità.

Ora passiamo a considerare il secondo punto del decreto, quello che a noi più di ogni cosa interessa per le conseguenze che una certa recezione particolare del decreto ha introdotto in ambito teologico ed ecclesiale.

E poiché il sinodo sa che questa verità e normatività è contenuta nei libri scritti e nelle tradizioni non scritte che, raccolte dagli apostoli dalla bocca dello stesso Cristo, o dagli stessi apostoli, sotto l'ispirazione dello Spirito Santo, trasmesse quasi di mano in mano, sono giunte fino a noi,

Il testo afferma che queste verità e normatività sono contenute nei libri scritti e nelle tradizioni non scritte. Il problema viene delineato in una prospettiva prettamente quantitativa e contenutistica dove la tradizione è essenzialmente concepita come un qualcosa da trasmettere, evidenziato dall'uso del verbo *contineri*. Interessante è la formula latina che congiunge libri sacri e tradizioni non scritte. La formula in questione è *et* e, proprio questa formula, fu al centro di dibattiti in ambito conciliare. Ricordiamo che all'inizio vi era la proposta della dicitura *partim, partim*, ossia: "le verità e le normatività sono contenute in parte nei libri sacri e in parte nelle tradizioni non scritte", ma questa proposta, poiché avrebbe portato ad una distinzione netta tra libri sacri e tradizioni non scritte, non sembrò una via percorribile ai padri conciliari che preferirono la più anonima congiunzione *et*, la quale fu scelta essenzialmente come compromesso in quanto abbatteva la rudezza del linguaggio e stemperava il senso della divisione tra la scrittura e la tradizione, senza tuttavia portare ad una risoluzione finale soddisfacente[5]. La mancata risoluzione del problema e la debolezza della congiunzione *et* fu una delle cause della diffusione della teoria delle due fonti della rivelazione come fonti separate e distinte tra loro. Questa teoria in realtà non fu enucleata dai Padri Conciliari che hanno sempre parlato di un'unica fonte della rivelazione. In altri termini, il debole compromesso dell'*et* ed il silenzio che ne seguì fu complice nel favorire l'impostazione del pensiero come *partim, partim*, ovvero la cosa più importante divenne la natura quantitativa e contenutistica della tradizione: Dio ci rivela qualcosa e questo qualcosa è contenuto in parte nella scrittura e in parte nella tradizione orale. Ma se il problema è il contenuto qual è, in sostanza, questo contenuto? Dove va a collocarsi? Da quale mediazione lo riceviamo? Quanto di questo contenuto è presente nella scrittura e quanto nella tradizione? Sono tutte domande a cui si cercherà di rispondere nei secoli seguenti e che accompagneranno la riflessione teologica. Va detto anche che nel decreto le tradizioni vengono distinte rispetto ai libri perché, a differenza di questi, sono di natura orale. Questa frase va letta in senso dichiarativo intendendo dire che le tradizioni non sono anche scritte, come si potrebbe pensare leggendo il testo in senso limitativo, ma vengono tramandate in modo orale. Questo è importante perché nonostante può sembrare un particolare di poco conto in realtà contribuisce a veicolare un'idea di tradizione non corretta e disgiunta dalla Scrittura.

---

[5] *Y. M. Congar, La Tradizione e le tradizioni, saggio storico,* Roma: edizioni S. Paolo, 1961, 294-298.

Passiamo a considerare la parte finale del testo che riguarda le tradizioni non scritte. Afferma il decreto che le tradizioni sono raccolte dagli apostoli per bocca dello stesso Cristo *aut* dagli stessi apostoli trasmesse sotto ispirazione. Il termine *aut* porta ad evidenziare che vi sono due tipi di tradizioni. Le prime sono le meno problematiche perché sono autorevoli di per sé stesse in quanto scaturiscono direttamente dalla bocca di Cristo. È la Tradizione che fa memoria diretta delle parole di Gesù. Il problema verte sulle altre, sulla loro autorevolezza e legittimità. Ecco la risposta: *Spiritu sancto dictante traditae pervenerunt usque ad nobis*. Si noti che il termine Spirito Santo si riferisce al verbo trasmettere e non vuol dire che le parole sono state dettate dallo Spirito Santo ma che sono state trasmesse sotto l'inspirazione dello Spirito. È lo Spirito la fonte di queste tradizioni e la garanzia della loro autenticità. Si parla dunque, in questo caso, anche di una tradizione costitutiva e affiorante dalla vita della Chiesa. In questo modo si voleva rispondere a Lutero affermando che escludere la Chiesa dalla rivelazione è privarsi di una realtà viva costituita dalla testimonianza diretta e dalla trasmissione apostolica.

Seguendo l'esempio del padre della vera fede, con uguale pieta e venerazione accoglie e venera tutti I libri, sia dell'antico che del nuovo testamento, essenso Dio autore di entrambi, e così pure le tradizioni stesse, inerenti alla fede e ai costumi, poiché le ritiene dettate dalla bocca dello stesso Cristo o dallo Spirito Santo, e conservate nella chiesa cattolica in forza di una successione mai interrotta.

Va notato che mentre prima il *dictante* era in riferimento al *traditae* e indicava l'assistenza dello Spirito nel trasmettere le tradizioni adesso si afferma che il *dictatas* riguarda le tradizioni stesse. In questo testo, cioè, non solo si vuol significare che le tradizioni fanno parte del vangelo perché sono ispirate dallo Spirito Santo, ma anche che gli apostoli ce le hanno trasmesse, sempre sotto inspirazione, e in questo modo sono arrivate fino a noi. In questo caso abbiamo un duplice movimento; da un lato vi è lo Spirito che le ha originate con la sua inspirazione e dall'altro c'è l'accoglienza e la conservazione della Chiesa che ha permesso che queste tradizioni potessero arrivare fino a noi.

Il decreto si conclude con l'esortazione a venerare la scrittura e la tradizione con *pari pietatis affectu*, cioè vanno accolte con uguale sentimento di pietà e venerazione in quanto sono radicate nell'unica volontà di Cristo. In questo frangente l'alternativa proposta dai padri *similis* venne scartata in quanto ciò che è simile non è uguale e, nel decreto, si voleva significare proprio lo stesso valore di Scrittura e Tradizione.

C'era chi sentiva la necessità di far chiarezza nel distinguere le tradizioni solenni e irreformabili da altre di minor valore, nel discernere tra tradizioni riguardanti più direttamente la fede e altre concernenti scelte di vita concreta. Lo stesso Papa Pio IV, l'ultimo pontefice del Concilio di Trento, propose la distinzione tra tradizioni apostoliche e tradizioni ecclesiali. Tuttavia queste proposte non vennero accolte in quanto mancava ancora una riflessione progredita in tal senso e si parlò, più semplicemente, solo di tradizioni apostoliche. Questo problema, insieme al problema del *partim partim* e della conseguente estensione materiale del contenuto segnò la dialettica post tridentina insieme ad un altro equivoco. L'equivoco si fondava su un uso intercambiabile dei termini tradizioni e Tradizione. Sono due termini, plurale e singolare, che non significano la stessa cosa ma che all'epoca di Trento ancora erano considerati e usati quasi come sinonimi. Bisognerà aspettare Congar per chiarire il significato dei termini in questione.

Per quanto riguarda il rapporto tra Scrittura e Tradizione dopo il Concilio di Trento si impose la teoria delle due fonti della rivelazione. Due fonti diverse nel contenuto, diverse nel modo, con una successione temporale ben precisa, in quanto prima viene la scrittura e poi la tradizione, e con delle teorie interpretative volte a stabilire l'estensione materiale del contenuto. Questo paradigma ermeneutico rimase sostanzialmente immutato fino al Concilio Vaticano II. Una considerazione si impone subito alla nostra riflessione: questo paradigma è non solo distante dal futuro Concilio Vaticano II ma anche dallo stesso Concilio di Trento che mai intese impostare il problema in questa specifica modalità. Ha inizio quello che Congar chiamerà tridentinismo, da non confondersi con il vero Concilio di Trento[6].

1.2 *La scuola Teologica Romana: Franzelin e il De divina Traditione et Scriptura*

Un particolare contributo allo sviluppo della riflessione sul tema della tradizione e della scrittura fu apportata, tra il 1830 e il 1879, da alcuni teologi del Collegio romano nell'attuale Pontificia Università Gregoriana di Roma. Gregorio XVI nel 1824 aveva restituito il Collegio romano alla Compagnia di Gesù, dopo che alla fine del periodo napoleonico l'organizzazione ecclesiastica era andata disfacendosi, e il suo compito precipuo era la formazione di giovani teologi. Il primo rettore della scuola fu il tomista L. Taparelli d'Azeglio il quale fu anche tra i fondatori de *La Civiltà Cattolica* che, proprio in quegli anni, divenne il manifesto programmatico del neotomismo. L'eclettismo di uno dei suoi primi teologi, Perrone, il quale praticava un tomismo a carattere storico più che speculativo venne presto dimenticato, almeno a livello ufficiale, e l'università gregoriana fu contrassegnata da un ritorno a ciò che gli "errori moderni" denunciati dal sillabo di Pio IX nel 1864 avevano occultato. Tra i discepoli di Taparelli d'Azeglio va annoverato anche Gioacchino Pecci che una volta salito al soglio pontificio con il nome di Leone XIII divenne il promotore ed il restauratore di un tomismo "ufficiale" coll'enciclica *Aeterni patris* del 1879. Tutto questo avvenne in un clima di tensione e scontro, specie con il Collegio germanico. Tuttavia alla fine fu la teologia romana ad avere il sopravvento su quella germanica e il neotomismo si è gradualmente imposto come teologia ufficiale a tutta la gerarchia cattolica[7]. La scuola teologica di Roma ha avuto numerosi protagonisti che ritroveremo in

---

6 Y. M. Congar, *Conversazioni d'autunno*, Brescia: Editrice Queriniana (1987) 7-12.
7 J. Y. Lacoste, *Storia della Teologia*, Brescia: Editrice Queriniana, 2011, 336.

qualità di esperti nel Concilio Vaticano I. Ricordiamo, a tal proposito, Perrone, Kleutgen, Franzelin, Schrader e Scheeben[8].

Per il nostro studio assurge a particolare importanza l'opera di Franzelin, *De divina Traditione et Scriptura* (1875) Franzelin distinse due sensi della tradizione; un senso oggettivo costituito da quello che c'è stato trasmesso nei monumenti della tradizione (divina, apostolica ed ecclesiastica) e un senso attivo costituito dall'atto del trasmettere. Franzelin ha intuito che custode della tradizione sono anche i fedeli, oltre che la gerarchia. Questa ha come compito precipuo, rispetto ai fedeli, il munus docendi. Inoltre ha affermato come il maggior tradente della tradizione è il magistero autentico. Da ciò è nata l'identificazione tra Tradizione attiva e Regola di fede, identificabili entrambi con il magistero. Da Franzelin i teologi posteriori hanno assunto un concetto ampio di magistero e la nozione di sviluppo dogmatico. Questo si ricava dalla distinzione tra Regola remota, data dalla Scrittura e dalla Tradizione, e regola prossima della fede, data dal magistero della Chiesa. Per i teologi della scuola romana ciò che è normativo per la fede è solo la Regola remota. La Regola prossima è regola solo per derivazione da quest'ultima.

Da queste posizioni, per reagire alla crisi modernista, si arriverà progressivamente ad una teologia tesa ad affermare come unica fonte della Rivelazione il Magistero. Congar farà notare come in questo modo di concepire il Magistero si dimentica che esso stesso suppone una fonte a cui è chiamato ad attingere e senza la quale non potrebbe esistere. Ancora una volta siamo alle prese con una "cattiva" recezione, questa volta non di un Concilio ma di un teologo, che porterà la successiva riflessione teologica a implodere su sé stessa e a rifugiarsi, per paura degli "errori moderni", in una teologia neotomista e barocca.

8 *Ivi* 329-338. E. Cattaneo, *Trasmettere la fede* 143-144.

1.3 "Gesù annunciava il Regno ed è la Chiesa che è venuta": la crisi modernista

Dopo la seconda metà del 1800, in Italia e in vari paesi europei, era forte l'aspirazione ad una apertura della Chiesa alle istanze del mondo moderno. Il modernismo, in senso stretto, indica una crisi di pensiero all'interno del cattolicesimo da parte, soprattutto, dei liberali del laicato cattolico e da esponenti del clero sensibili ai cambiamenti repentini di un mondo in continua evoluzione e scosso da continui e profondi mutamenti culturali, sociali ed economici. Si verificava in quel periodo un grande sviluppo delle scienze della natura contrassegnate dalla nascita del moderno metodo sperimentale, le filosofie kantiane, idealiste e positiviste imperversavano in tutta Europa e si avvertiva la necessità di un metodo teologico che rispondesse a criteri di scientificità sempre più rigorosi. Gli storici tendono a parlare di modernismo come di un movimento monolitico e unico ma in realtà ciò non corrisponde al vero. Al contrario ci troviamo di fronte ad una tendenza eteroclita e diversificata. Possiamo, comunque sia, considerare qualche elemento comune degli autori appartenenti a questo periodo: lo sforzo di sganciarsi da una teologia sclerotizzata, l'intuizione, cioè, di come un cattolicesimo meno legato a schemi troppo tradizionali avrebbe fatto breccia nella modernità, un tentativo di riformulare la fede adattandola all'uomo e una verifica dei fondamenti del cristianesimo con l'aiuto dei nuovi metodi storico-critici. In altri termini il modernismo è un movimento di rinnovamento dell'esegesi, della storia e della teologia legato ad un pensiero sospettoso verso ogni dogmatismo. Fra i vari autori di questa corrente vanno menzionati: in Inghilterra G. Tyrrel (1861-1909), in Italia R. Murri (1870-1904) ed E. Buonaiuti (1881-1946), in Francia A. Loisy (1857-1940) dove il movimento modernista trovò il suo terreno di elezione e dove raggiunse la sua più grande espressione con il testo *Il Vangelo e la Chiesa*, dello stesso abate Loisy, che presentando un apologia storica del cattolicesimo illuminato, in risposta ad A. Harnack che aveva pubblicato un apologia storica del protestantesimo liberale, mise in luce una continuità tra Gesù e la Chiesa che Harnack non accettava. La continuità, per Loisy, è tuttavia di ordine spirituale, cioè garantita dalla comunità fondata da Gesù e assistita dallo Spirito. In quest'ottica il Gesù della storia acquistava sempre meno importanza. In quanto è vero che questo testo riusci a legare insieme, in un certo senso, Gesù con la Chiesa ma a prezzo di una reale dissociazione tra il Gesù della storia e il Cristo del dogma. Non solo: l'analisi di Loisy concepiva la Chiesa in termini unicamente spirituali o pneumatici, cosa che contribuirà ad allargare il fossato tra il Gesù della storia e una Chiesa dello Spirito[9]. Per il numero delle sue pubblicazioni e anche per le sue prese di posizione teologiche si può affermare che Loisy sarà riconosciuto come il prototipo del modernista per eccellenza. "Gesù annunciava il Regno ed è la Chiesa che è venuta": questa celeberrima tesi di Loisy rappresenta la cifra della "crisi modernista" in ambito teologico. Diverse sue posizioni interesseranno la teologia fondamentale perché poggiano su una teologia della rivelazione e del suo sviluppo ecclesiale[10].

Ciò che per il nostro studio è importante è la problematica, sollevata dai modernisti, del rapporto tra storia e dogma. Secondo loro, all'interno della fede, andavano accreditate le recenti acquisizioni delle scienze e, in particolare, il concetto di storia e di sviluppo della dottrina cattolica, aprendo le porte al metodo storico-critico. Questo metodo era inteso in maniera storicista per cui si studiavano le fonti del cristianesimo al fine di giungere a risultati scientificamente validi, i quali potevano corrispondere o meno alle definizioni magisteriali.

Le reazioni romane non tardarono a venire. Nel 1907 il decreto *Lamentabili* annoverava una lista di sessantacinque errori modernisti. Lo stesso anno l'enciclica *Pascendi dominici gregis* di Papa Pio X elencava gli errori condannati e richiamava la dottrina ufficiale della Chiesa. È questa enciclica che ha

---

[9] A. Loisy, *Il Vangelo e la Chiesa. Intorno a un piccolo libro,* Roma: Ubaldini, 1975. Si veda anche J. Y. Lacoste, *Storia della Teologia* 363-367.

[10] R. Gibellini, *La teologia del XX secolo,* Brescia: Editrice Queriniana, 2007, 162-168. E. Cattaneo, *Trasmettere la fede* 144-145. N. Provencher, v. *Modernismo,* in *Dizionario di Teologia Fondamentale,* col. 810-813.

sistematizzato e unificato, a livello teoretico, un movimento di per sé disomogeneo e indeterminato com'era quello modernista. In particolare nell'enciclica veniva condannata un'esegesi che si affrancava sempre più dal magistero, si condannavano tutte le teorie giudicate erronee sulla rivelazione e sui dogmi, si condannava la cristologia modernista, secondo la quale la divinità di Gesù non è provata dai vangeli, e, infine, venivano condannate le negazioni della "immutabilità delle verità religiose". Nell'enciclica si individuava il presupposto del modernismo nell'immanentismo, cioè nel fatto che la religione quale forma di vita doveva essere trovata solo all'interno dell'uomo, senza dare spazio a quei motivi esteriori di credibilità e alle rivelazioni esteriori che, invece, costituivano il fondamento della teologia "ufficiale" romana. Il tutto fu completato nel 1910 dalla nascita di un *giuramento antimodernista* che doveva prestare ogni candidato agli ordini sacri e nel decreto della Congregazione degli studi del 27 luglio 1914 che esponeva 24 tesi espressive della filosofia tomista considerata eterna ed espressione di una verità immutabile. Il modernismo fu una vicenda che ossessionò la coscienza cattolica per molti decenni e fino al Concilio Vaticano II il cattolicesimo romano è vissuto con la paura che il modernismo potesse rifiorire in qualche modo. Questo sentimento di timore e sospetto ha portato ad una lunga serie di scomuniche, delazioni e condanne individuali da parte della Chiesa verso tutto ciò che sapeva di modernità. Il modernismo non può essere certamente ridotto a quegli elementi di deviazione messi in luce dall'enciclica *Pascendi* in quanto ha cercato, pur con tutti i limiti di una ricerca pionieristica, di innescare la fede in un linguaggio adatto alle trasformazioni umane di cui era sintomo lo sviluppo delle moderne scienze[11].

Durante il periodo modernista i teologi cattolici elaborarono la distinzione tra Tradizione storica e Tradizione dogmatica che Congar ribadisce essere una distinzione necessaria in quanto la Tradizione storica si ferma al dato empirico

---

11 J. Y. Lacoste, *Storia della Teologia* 363-367.

mentre il suo riconoscimento nella storia della salvezza è consentito solo dalla fede della Chiesa. Questi due elementi non vanno mai disgiunti ma tenuti insieme perché, mentre l'elemento storico ci offre l'oggettività del dato e norma l'insegnamento della Chiesa, l'elemento dogmatico ci introduce nella prospettiva trascendente del dato storico.

1.4 La Tradizione da "museo" della teologia manualistica

Tra i due concili vaticani la teologia cattolica si è espressa attraverso l'utilizzo dei manuali in latino di teologia fondamentale e dogmatica, da cui si è ricavato il nome di teologia manualistica[12]. Questa teologia nacque con l'enciclica *Aeterni Patris* di Papa Leone XIII, pubblicata il 4 agosto del 1879. Questo documento, uno dei primi di Leone XIII, era in linea con la costituzione conciliare *Dei Filius* del Concilio Vaticano I che si proponeva da un lato la condanna del razionalismo, il quale minacciava la fede negandone il suo valore soprannaturale, e dall'altro del fideismo che sopravvalutava la fede a scapito della ragione. La soluzione di Leone XIII fu di portare una sorta di equilibrio cercando di integrare insieme fede e ragione ritornando ad un uso corretto della filosofia che, secondo lui, si esprimeva nella forza del pensiero insuperabile e insuperato di S. Tommaso d'Aquino[13]. I testi manualistici erano divisi in due grandi categorie, i testi a carattere apologetico tesi a dimostrare il fatto cristiano e i testi di dogmatica che avevano lo scopo di esporre e fondare la verità dei vari contenuti di fede. Il metodo apologetico era dimostrativo e si basava unicamente su criteri oggettivi ed esterni quali, per esempio, i miracoli. L'orientamento metodologico era quello dei *locis theologicis* di Melchior Cano[14]. Questi spiegava dieci loci o argomenti concepiti

---

12 J. Wicks, *Manualistica,* in *Dizionario di Teologia Fondamentale,* col. 1265-1269.

13 Tommaso rappresenta il punto di maturità della scolastica, il quale ha saputo tradurre la filosofia aristotelica in termini cristiani e armonizzare in una perfetta sintesi la sapienza cristiana derivata dalla Rivelazione e la scienza prodotta dalla ragione naturale. Per saperne di più: G. Santinello, *Storia del pensiero occidentale, dagli inizi del cristianesimo al secolo XIV,* Milano: Marzorati Editore, 1976, 465-504.

14 E. Cattaneo, *Trasmettere la fede* 137.

come un'autorità sulle quali si doveva fondare una corretta teologia per controbattere le tesi protestanti e, nel contempo, registrare i dati della fede e ricavare da essi conclusioni teologiche in via deduttiva. I primi due *Loci* sono i più importanti in quanto luoghi fondatori della fede e sono la Sacra Scrittura e le Tradizioni non scritte di Cristo e degli apostoli. I successivi tre *Loci* riguardano l'autorità della Chiesa e sono la Chiesa Cattolica in generale, l'autorità dei concili, specie quelli generali, e l'autorità della sede romana. In qualità di *Loci* ausiliari venivano indicati i santi padri e i teologi scolastici e canonistici in un apporto, però, solo probativo e mai decisivo. Infine venivano menzionati la ragione naturale, l'autorità dei filosofi e degli storici che non venivano riconosciuti propriamente come *Loci* ma come ambiti con i quali la teologia era chiamata a rapportarsi. Questa criteriologia è all'origine della teologia moderna dove, come si è esplicitato, ci si richiamava essenzialmente a tre autorità: la Scrittura, la Tradizione e il Magistero, anche se il magistero diventerà sempre più un elemento preponderante mentre la Scrittura e la Tradizione avranno solo un'importanza probativa, cioè si citeranno unicamente per confermare le tesi magisteriali. Il Magistero sarà sempre più l'unica certezza e l'unico garante della produzione teologica a motivo della sua natura di infallibilità e la teologia si limiterà a divenire una semplice raccolta di testi magisteriali dove il *Denzinger* assurgerà a fonte principale di studio. Ne discende che questa teologia non poteva assumere su di sé i caratteri della storicità, di una rivelazione che si compie progressivamente nel corso di un'esperienza storica, ma veniva stabilizzata e fossilizzata su gli unici due referenti certi: il Magistero ecclesiastico ed il Tomismo. La teologia manualistica parlava di rivelazione come un insieme di dottrine rivelate, come un qualcosa, un contenuto da trasmettere secondo il modello teologico teorico-istruttivo usato in quel periodo[15]. Questa teologia della rivelazione si suddivideva, al proprio interno, in due parti: la parte teoretica

[15] F. Testaferri, *Il tuo volto Signore io cerco. Rivelazione, Fede, Mistero. Una teologia fondamentale,* Assisi: Cittadella Editrice, (2013) 203-205.

difendeva la necessità della rivelazione a partire dai segni certi, contro il razionalismo filosofico, e quella positiva difendeva la necessità e l'esistenza della rivelazione divina voluta e tramandata da Cristo e trasmessa dalla Chiesa, contro il razionalismo biblico. L'apologetica coincideva con la prima parte del trattato *De revelatione* nel senso che aveva come scopo primario la difesa universale della fede riguardo all'oggetto e al modo, era uno stabilire il fatto della rivelazione e non il suo contenuto. Ne veniva fuori una teologia che non poteva in alcun modo essere criticata e, anzi, con uno stile difensivo e apologetico in cui si difendevano le proprie tesi attaccando le dottrine giudicate diverse o contrarie. Si può dire che l'apologetica neoscolastica innalzò un bastione difensivo intorno alla dogmatica per difenderla e proteggerla dalle questioni storiche, filosofiche e scientifiche giudicate pericolose e figlie del modernismo anticattolico. Vi era, in altri termini, un clima di sospetto e di chiusura verso ogni novità. Ricordiamo che vigeva il divieto di ricerca teologica e Roma vigilava attraverso un sistema di informatori spirituali. Esisteva *l'Index librorum prohibitorum*, la cui lettura era proibita ad un cattolico, sotto pena spirituale. In questo senso i manuali, tutti simili tra loro e contrassegnati da uno stesso apparato dimostrativo e provante, avevano un ruolo determinante nell'unificare il pensiero teologico degli studenti di teologia cattolica.

Sulla scorta delle notizie sopra riportate qual era la concezione che la neoscolastica dei manuali aveva della Tradizione della Chiesa? Sicuramente in piena sintonia con un pensiero che si svilupperà subito dopo il Concilio di Trento c'è la diffusione della teoria delle due fonti, Scrittura e Tradizione, diverse e divise per contenuto, per modo e per successione temporale. Un'altra idea precipua della manualistica, vista la sua concezione prettamente quantitativa e contenutistica della rivelazione, è il ragionamento circa l'estensione materiale del contenuto della scrittura e della tradizione. A questo riguardo si erano elaborate delle teorie interpretative che si possono riassumere in tre principali filoni[16]. La prima è la teoria della sufficienza materiale della scrittura che affermava che tutto il contenuto della verità rivelata è contenuto nella Scrittura e la Tradizione aveva solo un valore interpretativo nello spiegare il contenuto della Scrittura. Questa teoria, poco seguita per la verità, costituiva un tentativo di dialogo con le Chiese nate dalla riforma. La seconda teoria, definita della insufficienza materiale della scrittura, affermava che la verità rivelata da Dio è contenuta in parte nella Scrittura e in parte nella Tradizione. È in questo contesto che si pone il problema dell'estensione riguardo a chi ha più contenuto tra le due fonti. Va detto che all'interno di questa teoria vi erano molteplici scuole di pensiero ma la maggioranza degli autori, compresi quelli neoscolastici romani, sostenevano che la Tradizione era più grande e ampia della Scrittura perché veicolava delle verità che nella Scrittura non erano presenti. Queste verità estranee alla Scrittura venivano generalmente riconosciute e trasmesse dalla Chiesa sotto l'autorità del Magistero ecclesiale. L'ultima teoria veniva definita della sufficienza relativa della Scrittura e sosteneva che tutto ciò che Dio ha rivelato è contenuto nella Scrittura ma che, tuttavia, vi sono delle verità contenute solo implicitamente e la Tradizione ha il compito di esplicitarle. Di conseguenza sia la Scrittura che la Tradizione sono necessari in quanto la Tradizione accoglie e fa crescere i "semi" contenuti nella Scrittura. Questa posizione era un po' a metà strada tra le prime due teorie e costituiva un tentativo di sintesi. Certo è che questi discorsi reggono se si tiene conto dei quattro punti suddetti legati al contenuto, al modo, all'estensione e alla successione temporale. La questione in gioco qui è solo l'oggetto e il contenuto da trasmettere ma manca tutto il soggetto coinvolto nella trasmissione ed il processo e dinamismo della tradizione. L'ultimo elemento da considerare è che si era creato un quadro di riferimento in cui la riflessione sulla Tradizione si era via, via allontanata dalla Rivelazione, suo luogo originario, per

[16] R. Fisichella, *La Rivelazione: evento e credibilità* 229-231.

legarsi sempre più al Magistero. Si trattava il tema Tradizione sempre in riferimento al Magistero fino al punto da far coincidere la Tradizione con il Magistero ecclesiale in una concezione statica e standardizzata della stessa. Una Tradizione da Museo.

Parte seconda

I precursori di una rinnovata teologia della Tradizione

2.1 La Tradizione "viva" della scuola di Tubinga

La scuola teologica di Tubinga nacque ad Ellwangen, la cui facoltà di teologia fu integrata nell'università di Tubinga nel 1817[17]. L'iniziatore fu J. S. Drey (1777-1853) che ci ha lasciato il suo pensiero in un'ultima importante opera di apologetica, specie nel primo volume, dove cerca di coniugare la rivelazione con la ragione umana. La scuola teologica di Tubinga recupererà il concetto di "tradizione vivente", che si contrapporrà ad una visione statica della stessa. Parlo di "recupero" in quanto l'espressione "vangelo vivo" ha origine nella controversia giansenista dove vigeva il passaggio da una visione storicistica della Tradizione ad una Tradizione che accompagnerà sempre la Chiesa nella sua storia e apparirà, in seguito, nei controversisti cattolici per indicare, contro il biblicismo, il vangelo "scritto nei cuori". Con Fènelom (1651-1715) questo concetto passerà nel 1800 alla scuola cattolica di Tubinga.

Va annoverata, in questo ambito, l'opera di J. A. Mohler (1796-1838), discepolo di Drey. Egli rifiutò l'interpretazione dei teologi post tridentini della teoria delle due fonti della rivelazione in quanto Scrittura e Tradizioni sono immanenti l'una all'altra. La Chiesa a pentecoste ha ricevuto lo Spirito che è il principio animatore della Chiesa, il suo principio interiore, che si esprime all'esterno nella Tradizione. La Tradizione ingloba la Scrittura, la quale non è altro che Tradizione messa per iscritto nei primi secoli ed è garantita, oltre che dallo Spirito, dalla successione apostolica. Tutte le generazioni hanno lo stesso *sensus fidei* in quanto tutte vivono del medesimo Spirito che si esprime nella "Tradizione vivente" la quale deve adeguarsi ai vari contesti culturali in cui i cristiani vivono. La riflessione di Mohler sulla Tradizione si inserisce nel suo

---

17 J. Y. Lacoste, *Storia della Teologia,* 329-338.

quadro teologico, ben più ampio, dell'ecclesiologia di comunione che rompe, anticipando profeticamente i tempi, gli spazi angusti di un'ecclesiologia a base gerarchica e piramidale. Il suo grande merito è di aver fatto presente come lo sviluppo della dottrina sia un'esigenza intrinseca della fede cristiana. Rispetto a Trento questa concezione sembra essere molto più dinamica in quanto la Tradizione diviene memoria e conservazione dell'evento rivelativo ed essendo "viva" ingloba l'idea di sviluppo come esigenza della sua stessa fedeltà. Ricordiamo come lo stesso Congar si dichiarerà, a più riprese, debitore delle istanze teologiche di Mohler.

Un altro autore importante, ai fini del nostro studio, fu J. Ev. von Kuhn (1806-1887). Secondo questo autore la ragione storica e la ragione teologica si riconciliano solo nel concetto cattolico di Tradizione. La tradizione è l'ambiente vitale nel quale la rivelazione divina diviene intelligibile perchè alle sorgenti della teologia sta la fede apostolica e non la Scrittura. Vi è, perciò, una priorità cronologica e logica della Chiesa rispetto alle sue Scritture. Certo è che la Chiesa non è depositaria di un sapere totalizzante e immutabile ma ha bisogno continuamente di approfondire il sapere che ha ricevuto in dono e di arricchirsi. La teoria di Kuhn alimenterà una corrente sotterranea che riemergerà con forza nel Concilio Ecumenico Vaticano II.

Secondo questi autori è sempre il Magistero che è chiamato ad interpretare la Scrittura e la Tradizione, in quanto Cristo lo ha costituito per questo scopo, al fine di presentare in modo certo la dottrina nella storia concreta e mutevole degli uomini[18].

---

[18] E. Cattaneo, *Trasmettere la fede* 141.

2.2 *La Tradizione come "sviluppo" in J. H. Newman*

John Henry Newman (1801-1890)[19] è il solo teologo in vista del cattolicesimo anglosassone di quegli anni. Dapprima anglicano, entrò nella comunione della Chiesa Romana nel 1845. È stato un cultore dei Padri e uno dei più eminenti rappresentanti della corrente teologica denominata neopatristica. Da anglicano era convinto che la Chiesa non potesse travalicare il contenuto delle sue fonti documentarie e pensava alla necessità del Magistero solamente come testimone della Tradizione. Credeva anche che la confessione anglicana potesse essere la "via media" tra cattolicesimo e protestantesimo capace di incarnare la fede primitiva. Ben presto si accorse, però, dell'impossibilità di restaurare la fede della Chiesa delle origini in quanto si rese conto di quanto fosse inopportuno pretendere di fissare in un momento storico particolare il modello esemplare della fede e della Chiesa.

Newman, una volta divenuto cattolico, farà un continuo appello alla Tradizione e alla *regula fidei* in quanto derivati dagli apostoli e strumenti indispensabili in mano alla Chiesa per afferrare senza errori il senso immediato ed esatto delle Scritture rivelate. Per Newman la Tradizione apostolica proviene dal contatto vivo con quelle verità presenti nella Chiesa e non è un semplice indottrinamento. Gli studi di Newman lo convinsero che la Rivelazione doveva svilupparsi sotto la guida di un'autorità non soggetta a errori e mostrò come gli apostoli affidarono ai successori un deposito di dottrine da tramandare perché ciò che era stato trasmesso dagli apostoli non poteva in alcun modo essere racchiuso in documenti vista la vastità e la fecondità della dottrina in questione. La Scrittura ci aiuta certamente ad entrare in un vasto territorio che però non riusciamo a contenere e ad esprimere in un solo catalogo. Ciò che gli apostoli trasmisero aveva una tale unità e coesione capace di sviluppare e accrescere, nel corso del tempo, delle

[19] *Ivi* 141-143. Si veda anche R. Fisichella,v. *Newman john Henry,* in *Dizionario di Teologia Fondamentale,* col. 823-828.

intuizioni. Infatti vi è uno sviluppo e un dinamismo graduale del deposito in cui la Parola si espande e genera sempre nuove conoscenze. Ciò che, in realtà, appare come un'innovazione nella Chiesa è solo la realizzazione illuminata dallo Spirito Santo di ciò che è sempre restato vivo in lei fin dal principio. Tutto ci è dato fin dall'inizio solamente che la Chiesa approfondendo, mano a mano, il messaggio rivelato ne rende esplicito il contenuto.

Newman espose nell'opera *Lo sviluppo della dottrina cristiana* dei criteri per distinguere un vero sviluppo da una corruzione del deposito che si ha, per esempio, quando si afferma una sola dottrina a scapito o ad esclusione di altre verità di fede[20]. I criteri sono i seguenti: gli sviluppi dottrinali devono conservare la stessa dottrina che si trova nelle prime e più rudimentali formulazioni; devono conformarsi a dei principi durevoli impressi nei credenti; devono essere in grado di assimilare altre realtà di valore come, per esempio, i sistemi filosofici; si devono trovare in un rapporto logico con posizioni anteriori; sanno anticipare ciò che deve venire; sanno agire su sviluppi passati illustrandone e ratificandone il pensiero da cui sono originati e, infine, manifestano una forza persistente e stabile[21].

I testi di Newman sono uno strumento apologetico tendenti a mostrare come il successivo insegnamento apostolico è in continuità dinamica con l'originale parola apostolica e pongono il problema, sempre attuale, di quale sia il modo corretto per scoprire il deposito apostolico nella grande e multiforme varietà di contenuti che la Chiesa ha trasmesso nelle epoche passate. Come può, cioè, il credente trovare la Tradizione in mezzo a tante tradizioni? Vedremo come a questa domanda risponderà in modo compiuto Congar nelle sue opere sulla Tradizione.

---

20 J. H. Newman, *Lo sviluppo della dottrina cristiana,* Bologna: Il Mulino, 1967.

21 J. Y. Lacoste, *Storia della Teologia* 349-355.

2.3 *Storia e Dogma di Maurice Blondel*

Il filosofo francese Maurice Blondel (1861-1949)[22] è ricordato soprattutto per la sua apologetica del metodo dell'immanenza, teso ad individuare negli individui le tracce e le condizioni del soprannaturale. Metodo "rivoluzionario" in quanto permette di accedere a Dio senza le classiche prove induttive della neoscolastica[23]. Egli entrò nel dibattito sul modernismo affrontando il problema biblico. Scrisse nel 1904 *Storia e Dogma* che prese in considerazione il problema del passaggio dalla storia alla storia sacra, dalla storia al dogma della Chiesa, in una risposta a Loisy. Già il titolo è emblematico al riguardo: non si tratta di Storia o Dogma ma di *Storia e Dogma*. Il sottotitolo dell'opera è "*Le lacune filosofiche dell'esegesi moderna*". In questo testo Maurice Blondel procedette ad una demolizione del concetto comune di storicità. Blondel individuò al riguardo due posizioni contrarie e incomplete. La prima posizione veniva denominata "estrinsecismo" dove solo i fatti miracolosi appartenevano alla storia sacra perché, si diceva, voluti da Dio e, pertanto, sono i miracoli che legittimavano la Chiesa. Il miracolo è, però, un criterio estrinseco perché si considerava solo il fatto che Dio ha parlato ma non si prendeva in considerazione il contenuto delle sue parole. Questa posizione affermava il dogma ma perdeva la storia. La seconda posizione è denominata "storicismo", questa, al contrario della posizione precedente, ricostruiva i fatti della storia ma si rivelava incapace di arrivare ad una storia sacra e al dogma della Chiesa. Lo storicismo salvava la storia ma perdeva il dogma. La soluzione al problema è trovata da Blondel nella concezione della tradizione vivente che riconosceva il dogma nella storia. Dal dogma della Chiesa si arrivava ai fatti della storia seguendo la tradizione che è, essenzialmente, uno sviluppo del pensiero e dell'esperienza cristiana. La sintesi tra Dogma e storia era rappresentata, quindi, dalla tradizione che riassumeva i dati della storia, lo sforzo

22 R. Gibellini, *La teologia del XX secolo* 168-173.

23 R. Latourelle,v. *Blondel Maurice,* in *Dizionario di Teologia Fondamentale,* col. 108-116.

della ragione e le esperienze dell'azione[24]. Il filosofo dell'*Action* finiva per parlare di tradizione come dell'azione di Cristo nella Chiesa attraverso i secoli. *Storia e Dogma* è un testo che andava ad integrare, nell'apologetica, i suoi due precedenti lavori, *L'Azione* e la *Lettera sull'apologetica.* In questi due testi, Blondel, aveva sviluppato i prolegomeni di un'apologetica del fatto interno, cioè dell'eco interiore del fatto esterno, mentre in *Storia e Dogma* tracciava i prolegomeni dell'apologetica del fatto esterno, che è il fatto della storia.

Interessante anche il fatto che Maurice Blondel, sempre nel testo *Storia e Dogma*, rimise in discussione il vecchio "pregiudizio" che la Tradizione fosse qualcosa di puramente orale e relegata nel passato. Blondel affermerà che la Tradizione è un continuum, un eco vivente ininterrotta che a volte prende la via dell'oralità, altre volte assurge a carattere di scrittura e, per finire, può manifestarsi anche attraverso la prassi. In Blondel la Tradizione non sarà intesa solo come un contenitore di "cose" da trasmettere, e pergiunta in forma unicamente orale, ma verrà concepita come un modo di essere e di vivere contrassegnata da vari aspetti all'interno[25].

2.4 Il Cambio di paradigma: Holstein e Geiselmann

Vanno annoverati tra i grandi precursori della moderna teologia della Tradizione due teologi tedeschi contemporanei di Congar, Holstein e Geiselmann. Holstein nel 1960 cercò di superare la dottrina dualistica che separava Scrittura e Tradizione come cose staccate tra loro[26]. Il suo intento era andare al di là di una semplice visione contenutistica e formale, in un tentativo di unire le due fonti capovolgendone anche la cronologia. Secondo lui, cioè, la Scrittura nasce dalla tradizione, la quale è antecedente alla Scrittura, in un rapporto non più esterno ma

---

[24] M. Blondel, *Storia e dogma, le lacune filosofiche dell'esegesi moderna,* Brescia: Queriniana, 1992, 148-149.

[25] *Ivi* 186-187.

[26] H. Holstein, *La Tradizione nella Chiesa,* Milano: Vita e Pensiero, 1968; J. R. Geiselmann, *La Sacra Scrittura e la tradizione,* Brescia: Morcelliana, 1974.

interno alla tradizione stessa. Holstein sentì, inoltre, la necessità di operare una distinzione, all'interno dello stesso concetto di Tradizione, tra una tradizione messaggio, che rappresenta il contenuto della fede, e una tradizione regola che invera tutte quelle norme di vita, prassi liturgiche etc che non sono presenti nel messaggio originario ma che, tuttavia, rappresentano il medesimo contenuto trasportato nella dinamica di vita ecclesiale come un modo rinnovato di esprimere la fedeltà alla Tradizione. Ricordiamo anche che Holstein ha parlato coraggiosamente, e questo è uno dei punti dolenti del periodo, di un magistero a servizio della tradizione e non coincidente con essa.

Geiselmann cerca anch'egli di superare il dualismo Scrittura-Tradizione. Fu Geiselmann ha proporre la tesi secondo cui il decreto tridentino non volesse, con l'ausilio della congiunzione "et", intendere una differenza materiale fra Scrittura e tradizione ma, altresì, era solo un'espressione semplificatoria tesa ad evitare il problema della sufficienza materiale della Scrittura. Questa interpretazione suscitò le reazioni contrarie di un altro teologo, Lennerz, tese a difendere la teoria delle due fonti da questa "nuova" impostazione revisionista. Il dibattito Geiselmann-Lennerz fu importante perché contribuì a far comprendere l'importanza e l'urgenza di enucleare con maggior chiarezza il rapporto tradizione e Scrittura e, più in generale, l'intera teologia della tradizione.[27] L'importanza di un autore come Geiselmann fu, tra l'altro, quello di aver evidenziato una circolarità nel rapporto scrittura-tradizione: non c'è scrittura senza tradizione e non c'è tradizione senza scrittura.

La novità del pensiero di questi due autori è stato il partire da un paradigma interpretativo diverso. Mentre infatti si parlava, specie negli ambienti neotomisti, di scrittura e tradizione questi autori hanno invertito i termini del discorso parlando di tradizione e scrittura, dimostrando la necessità di ricollocare queste

[27] J. Ratzinger, *La mia vita. Autobiografia,* Milano: Edizioni S. Paolo, 1997, 94.

due realtà con un diverso ordine cronologico ma non solo in quanto in teologia la cronologia esprime anche un valore qualitativo e interpretativo diverso.

Parte terza

Inquadramento storico-teologico di Yves Congar

3.1 Le Saulchoir: una scuola di teologia

Prima di iniziare a parlare della vita e dell'opera del teologo Yves Congar e della soluzione da lui apportata al problema Tradizione è bene delineare il suo background culturale con un riferimento a quella scuola di teologia che lo ha visto nascere e formarsi come teologo e che lo educò a quella "riforma" coraggiosa del sapere teologico in continuità con la grande Tradizione della Chiesa. Una riforma *nella* Chiesa[28].

Scrive Congar:

> Una *riforma* non è una *rivoluzione,* perché rispetta la continuità; ma è ben altro che una *restaurazione,* perché non si accontenta di ristabilire solo ciò che c'era "prima".
> Se trovassi solo conformismo, al presente non ci sarebbe una riforma. Se io pensassi ad una rivoluzione, questo non farebbe la riforma della Chiesa. Bisogna conservare la nostra fedeltà Cattolica, ma non una fedeltà pigra che si arresta alla forma che le cose oggi rivestono. È necessario che la mia fedeltà, radicata saldamente nelle origini, si apra al domani, in una parola, assuma la dimensione del tempo[29].

Il 1907, anno in cui fu emanata l'enciclica *Pascendi* contro il modernismo, iniziava a muovere i primi passi una nuova scuola di teologia a Le Saulchoir[30] in un antico convento cistercense, vicino alla città belga di Tournai e poco distante dal confine francese. La scuola era diretta dai padri domenicani allo scopo di continuare la grande tradizione tomista. L'ordine domenicano aveva aperto fin dal 1300 una scuola teologica a Parigi, nel convento di Saint Jacques, con docenti del calibro di Alberto Magno e Tommaso d'Aquino. Dopo lo splendore dei secoli XIII e XIV lo *studium* aveva finito per adagiarsi e per implodere su sé stesso. La nuova scuola, ormai riorganizzata e retta da p. Marie Dominique Chenu[31], pur

---

28 R. Gibellini, *La teologia del XX secolo* 173-183.

29 Y. M. Congar, *Una Chiesa contestata,* Brescia: Queriniana, 1969, 14.

30 M. D. Chenu, *Le Saulchoir, una scuola di teologia,* Casale Monferrato: Marietti, 1982.

31 Marie Dominique Chenu (1895-1990), domenicano della provincia di Francia, fu professore di storia delle dottrine cristiane alla scuola dei domenicani di Le Saulchoir dal 1920 al 1942 e "reggente" della stessa scuola dal 1932 al 1942. Durante il Concilio sarà l'esperto privato di uno degli ex allievi di

mantenendosi estranea al modernismo che in quel periodo imperversava in Europa cercò di intraprendere quella "riforma della teologia" tanto necessaria quanto indispensabile in un momento in cui la controversia modernista imponeva un cambiamento di ben più ampio respiro alla Chiesa.

La riforma della teologia perseguita a Le Saulchoir si muoveva lungo alcune linee direttrici. Innanzitutto propugnava il primato del dato rivelato che doveva costituire sempre l'anima di ogni speculazione teologica. In quegli anni, infatti, la speculazione teologica aveva preso il sopravvento sulla fonte viva della teologia che è la rivelazione, quest'ultima veniva spesso mortificata e non considerata a sufficienza. La seconda caratteristica della scuola era l'assunzione della critica biblica e storica come strumento della teologia per aderire più pienamente al dato teologico affidato al corso dei tempi secondo l'economia progressiva della rivelazione. Solo una teologia che ha il senso della storia può riconoscere uno sviluppo dogmatico, una storia dei dogmi e delle dottrine cristiane senza paure e diffidenze ma, al contrario, sapendo apprezzare l'effetto temporale di una fede che si mantiene intatta nei secoli. Il fissismo di certa teologia neoscolastica partiva, invece, dal carattere di assolutezza della verità cristiana e ne deduceva affermazioni assolute e definitive che finivano solo per maltrattare la storia e per non considerarne a pieno la portata. In terzo luogo la teologia di Le Saulchoir era una teologia tomista ma il suo non era un tomismo dottrinario e chiuso ma aperto ed essenziale, per nulla barocco e ripetitivo nelle proprie formulazioni e deduzioni. Il suo era un tomismo che accettava le problematiche del tempo presente. Basti pensare che vi era l'applicazione allo studio di Tommaso D'acquino dei metodi universitari utilizzati per la storia della filosofia o della teologia. In questo modo le opere di Tommaso perdevano lo statuto di testi "sacri" e venivano considerate alla stregua di altre grandi opere teologiche, tanto da poter

Le Salchoir, Claude Rolland, missionario di La Salette e vescovo di Antsirabè in Madagascar. Per saperne di più: R. Gibellini, *La teologia del XX secolo* 210-216.

essere criticabili e interpretabili[32]. Che ne era, invece, del S. Tommaso proposto dai manuali neoscolastici? Le tesi di S. Tommaso proposte dai teologi manualisti erano solo un estrarre da S. Tommaso un apparato filosofico, lasciando molto spesso in ombra il centro più profondo del suo pensiero e della sua teologia. Essi detemporalizzavano la dottrina di S. Tommaso slegandola dalla storia e proponendola come una metafisica sacra. Per la scuola di Le Saulchoir, invece, ritornare a S. Tommaso significava ritornare alla sorgente per abbeverarsi ad una fonte sempre fresca, cercando di cogliervi il centro delle sue riflessioni filosofiche e teologiche per andare al di là di conclusioni fin troppo definite e ripetitive. L'ultima caratteristica della nostra scuola era quella di essere presente al proprio tempo, cioè essere presente al dato rivelato nella vita della Chiesa e nell'esperienza attuale del cristianesimo dove la fede è chiamata a misurarsi con i problemi reali del mondo e degli uomini. La teologia non può essere una cittadella fortificata, bella, ma isolata dal contesto. La sua compiutezza formale non la esime da un confronto franco e complesso con gli uomini d'oggi.

Non è difficile immaginare come ben presto questa "nouvelle thèologie", come sarà definita in modo dispregiativo dal teologo domenicano R. Garrigou Lagrange, finisse per scontrarsi con il vecchio modo di fare teologia dei manuali. La controversia verteva su due diverse scuole teologiche e due diversi modi di approcciarsi al dato teologico. Alla "nouvelle thèologie" si criticava una tendenza al semimodernismo, al relativismo filosofico e teologico, al relativismo dogmatico e al soggettivismo. Fu sulla base di queste critiche che iniziarono le opposizioni alimentate da Roma dove il potere intellettuale era in mano all'Angelicum, università domenicana, in cui vigeva il predominio della teologia manualistica. In data 6 febbraio 1942 il "libricino" programmatico di Chenu, *"Le Saulchoir: una scuola di teologia*" del 1937 venne messo all'indice dei libri proibiti e Chenu perdette la reggenza e la cattedra di Le Saulchoir. Si cercò con

---

32 M. D. Chenu, *Introduzione allo studio di san Tommaso d'Aquino,* Firenze: Editrice fiorentina, 1953.

questo atto di colpire l'intera scuola di teologia. La controversia continuerà nel dopoguerra e questa volta subirà la censura ecclesiastica la scuola dei gesuiti di Fourvière[33]. Nel 1946 R. Garrigou Lagrange pubblicherà un articolo: "*La nuova teologia, Dove va?*", dove affermerà, riferendosi esplicitamente alle due scuole teologiche francesi di Le Saulchoir e Fourvìere, che la Chiesa è minacciata da un ritorno al modernismo. L'enciclica *Humani Generis* emanata da Pio XII nell'agosto 1950 sottoponeva a dura critica le nuove tendenze presenti nelle scienze sacre e richiamava i principi della "sana" filosofia. I superiori generali intimoriti da Roma dispersero il gruppo dei teologi che a Le Saulchoir e a Fourvière avevano tentato di adoperarsi per una teologia del rinnovamento.

3.2 Ives Marie Congar: profilo di un profeta della Tradizione

Ives Marie Congar[34] nacque a Sedan nelle Ardenne nel 1904, dove trascorse l'infanzia. Nel 1921 entrò nel Seminario universitario dei Carmelitani all'Institut Catholique di Parigi. Ma sentiamo direttamente il padre Congar:

> Quando mi trovavo all'Institut Catholique, dal '21 al '24 - furono anni bellissimi, felici e ferventi in un'atmosfera tradizionale e molto libera nello stesso tempo -, ero ancora molto legato all'abbè Lallement, era un uomo che aveva un ascendente molto forte su quanti si mettevano sotto la sua direzione, ma ero legato anche a Jacques Maritain: andavo ogni mese a Meudon e seguivo ogni anno il ritiro predicato - all'inizio a Versailles, poi a Meudon - da padre Garrigou Lagrange[35].

Dopo tre anni di filosofia e uno di servizio militare, nel 1925 entrò nel noviziato dei domenicani della provincia di Francia. Dal 1926 al 1931 compì gli studi teologici alla facoltà domenicana di Le Saulchoir in Belgio. In questa facoltà ebbe come insegnante Marie Dominique Chenu che esercitò sul giovane Congar una grande influenza con il suo metodo teologico e con la sua attenzione

---

33 Fourviere è l'altra scuola di teologia, quest'ultima, condotta dai gesuiti che, insieme alla scuola di Le Saulchoir contribuiranno al rinnovamento teologico francese, venendo ambedue unite dal comune titolo "nouvelle theologie" e dalle censure degli ordinamenti romani. Tra i teologi di spicco della scuola di Fourviere ricordiamo Henry de Lubac, Jean Danielou e Bouillard.

34 R. Gibellini, *La teologia del XX secolo* 216-225. Si veda anche P. Colombo, *Yves Congar, per una Chiesa dello Spirito,*Milano: Ancora Editrice, 2007, 7-14 o il classico di J. P. Jossua, *Yves Congar, profilo di una teologia,* Brescia: Queriniana, 1970.

35 *Y. M. Congar, Conversazioni d'autunno*, 97.

all'attualità del passato in funzione del presente. In questo nuovo contesto ebbe inizio la sua personale "conversione" ad un nuovo metodo di studio:

Alla fine, mi sono molto staccato da Maritain filosofo. Riconosco la grandezza di Maritain per la sua carità intellettuale, per la profondità della sua vita spirituale ... Riconosco il suo apporto considerevole nella morale, nell'etica, nella filosofia politica della democrazia. Quante cose buone e grandi rimangono di Maritain. Ma c'era pure questa specie di ontologia tomista, che dipendeva di fatto da Giovanni di San Tommaso. Poiché era ciò che egli faceva a Meudon: ci leggeva una pagina di Giovanni di San Tommaso, spesso molto sottile, su punti che egli stesso qualificava di distinzioni "adamantine" e sviluppava ciò con tale fervore e una tale seduzione che "bevevamo" le sue parole.
Mi sono allontanato da questa concezione. Ed è un fatto che Jacques Maritain non abbia avuto una grande simpatia per Le Saulchoir, dove in seguito io sono andato. Ciò si riferisce a qualche cosa di profondo: Le Saulchoir era l'accostamento storico di San Tommaso, non per relativizzare ciò che non è relativizzabile, ma per situare il suo pensiero in un'epoca, poiché tutto è storico, assolutamente tutto, compresa la Bibbia e Gesù[36].

Si può notare dai suoi scritti come il padre Congar abbia avuto una evoluzione di pensiero importante che lo ha portato a distinguere tra il "vero" San Tommaso e la filosofia e teologia neotomista di quegli anni:

Che cosa devo a San Tommaso, che ho continuato a frequentare molto? Innanzitutto una certa struttura dello spirito. E ciò è quanto di lui è ancora attuale oggi. Avere ordine nelle idee.
Ed anche il senso dell'apertura come pure del dialogo. Poiché San Tommaso, con la sua potenza incredibile di dialettica, ha trascorso tutta la vita a cercare nuovi testi, a farsi fare nuove traduzioni, a discutere con tutte le persone della sua epoca: ebrei, mussulmani, averroisti, agostiniani ecc. Il tomismo è l'apertura al dialogo[37].

Dice ancora il Congar:

.... Il tomismo al quale qualcuno teneva o forse ancora tiene, è in fondo nella continuità di Parmenide: una filosofia dell'identità. Mentre S. Tommaso, con la sua tesi della "potenza" e dell'"atto", ha una concezione dinamica dell'essere ... L'ontologia della persona è molto più relazionale e storica. Noi abbandoniamo quindi ciò che potrebbe essere la discendenza di Parmenide per seguire un filone biblico[38].

Tanto che il Nostro arrivò ad affermare: "Credo che Le Saulchoir, in molti modi, abbia superato questo neo-tomismo un po' troppo sistematico"[39] che, in altre circostanze, definirà mediocre ed essenzialista.

36 *Ivi* 97-98.
37 *Ivi* 94.
38 *Ivi* 95, 9.
39 *Ivi* 99.

Dal 1928 scelse come campo di studi l'ecclesiologia e come argomento della sua tesi di lettorato l'unità della Chiesa. Preparandosi all'ordinazione presbiterale meditò sul capitolo 17 del vangelo di San Giovanni e sentì nascere in lui una speciale vocazione ecumenica, una chiamata ad impegnarsi per l'unità di tutti quelli che credono in Cristo.

Nel luglio del 1930 divenne sacerdote. Dal 1931 insegnò teologia fondamentale ed ecclesiologia a Le Saulchoir e condivise con Chenu, ora divenuto suo collega e amico, il programma di "riforma della teologia" che consisteva nel superare definitivamente quella che chiamavano "teologia barocca" o "teologia post tridentina". In questo periodo partecipò attivamente alla ricerca ecumenica attraverso vari incontri. Congar diede inizio, presso le Edition du Cerf, alla collana di studi ecclesiologici *"Unam Sanctam"* che si proponeva di riprendere alcuni temi di ecclesiologia profondamente radicati nella Tradizione ma che erano stati, nel corso del tempo, sovrastati o dimenticati da altri, definiti da Congar, di "minor valore tradizionale". Il primo volume della collana fu *Chrètiens dèsunis. Principes d'un "oecumenisme" catholique* (1937) la sua prima opera teologica. In questo lavoro Congar non guardava più all'unità della Chiesa con il vecchio paradigma del ritorno all'ovile dei cristiani non cattolici ma come uno sviluppo qualitativo della cattolicità poichè le altre chiese avevano saputo, a volte meglio della Chiesa Cattolica, conservare e sviluppare alcuni valori.

Richiamato alle armi nel 1939, fu prigioniero di guerra dal 1940 al 1945. Nei campi di prigionia, malgrado fosse impossibilitato a proseguire il lavoro intellettuale, condusse un'intensa attività di predicazione in cui accusò pubblicamente il nazismo. Dopo la liberazione, Congar si rese conto del "terremoto" che la sua scuola di teologia e la sua provincia religiosa avevano subito con la messa all'indice del libro programmatico di Chenu, *Le Saulchoir: una scuola di teologia.* Riprese l'insegnamento a Le Saulchoir riaperto questa volta a Etiolles presso Parigi.

Il cattolicesimo francese di quegli anni stava passando un momento di grande vivacità. Vi erano ricerche a carattere biblico, patristico, liturgico e numerose esperienze comunitarie e apostoliche come quella dei preti operai. Nel 1950 Congar pubblicò *Vraie et fausse rèforme dans l'èglise*, che a quel fermento di riforme diede le basi ecclesiologiche. Questo libro appariva, a pochi mesi dall'enciclica dottrinale *Humani Generis,* una specie di "sillabo moderno" e venne, a partire dal 1952, sottoposto a censura. Nel 1953 pubblicò *Jalons pour une thèologie du laicat,* che rivalutò la missione dei laici nella Chiesa.

Sull'attività di Congar cominciarono a crescere i sospetti degli ambienti romani che cercarono di bloccare o, almeno, frenare i suoi progetti editoriali. La diffidenza romana verso il fermento teologico francese costrinse il padre generale dei domenicani nel 1954 a prendere dei provvedimenti estremi: dimissioni di tre provinciali e allontanamento dall'insegnamento dei padri Chenu, Boisselot, Fèret e Congar. Su sua richiesta Congar fu inviato alcuni mesi a Gerusalemme. In seguito, nel 1956 in novembre, venne convocato dal Sant'Uffizio a Roma dove rimase svariati mesi e successivamente, nel febbraio del 1956, fu mandato a Cambridge. L'esilio ebbe termine alla fine dell'anno quando venne inviato in un convento di Strasburgo grazie all'intervento di un vescovo amico, mons. Weber. Qui, pur privato di ogni incarico d'insegnamento, riprese le sue attività di ricerca, di conferenziere e di scrittore.

L'annuncio del Concilio Vaticano II, proclamato da papa Giovanni XXIII il 25 gennaio 1959, segnò la svolta decisiva per la Chiesa e per la riabilitazione ufficiale di Congar che fu nominato consultore della Commissione teologica preparatoria. Da questo momento in poi Congar diverrà uno dei più grandi artefici del Concilio partecipando come perito alla Commissione Dottrinale e nell'apporto fornito alla stesura di numerosi testi quali la *Lumen Gentium, Dei Verbum, Unitatis Redintegratio, Nostra Aetate, Ad Gentes, Presbiterorum Ordinis* e *Dignitatis Humanae*. In quegli stessi anni Congar aveva pubblicato altri volumi, da *La tradition et les traditions, 1. Essai historique* nel 1960 e *2. Essai theologique* nel 1963 ad il breve trattato sintetico sullo stesso argomento: *La tradition et la vie de l'Eglise*, sempre nel 1963, con il quale fa passare il problema della tradizione dal campo apologetico a quello teologico. Ricordiamo anche la miscellanea sull'ecumenismo *Chrètiens en dialogue* che è una sorta di ideale continuazione dell'opera *Chretiens dèsunis*.

Papa Paolo VI gli esprimerà tutta la sua fiducia nominandolo membro della Commissione cattolica per il dialogo con la Federazione luterana mondiale e dell'istituto per lo studio della storia della salvezza di Gerusalemme.

Nel periodo post conciliare vedranno la vita *Ministères et communion ecclèsiale* nel 1971, i tre volumi sulla teologia dello Spirito santo, intitolati *Je crois en l'Esprit Saint*, datati negli anni 1979 e 1980 e *Diversitès et communion ecclèsiale* nel 1982. Il passare degli anni e l'acuirsi di una paraplegia che si era manifestata all'epoca del Concilio, mettendolo alla prova e limitando la sua capacità di lavoro, obbligherà Congar nel 1984 a ospedalizzarsi presso l'Hòtel des Invalides di Parigi. Eppure, nonostante tutto, saranno anni ancora fecondi per quanto concerne la produzione teologica. L'ultimo suo libro dal titolo *Eglise et papaute* sarà pubblicato nel 1994. In quello stesso anno ricevette l'onore della porpora cardinalizia da Papa Giovanni Paolo II. Morirà nel giugno del 1995.

Consideriamo ora le principali linee direttrici su cui si muove la teologia di Congar, nella consapevolezza che queste poche righe non bastano certo a riassumere una produzione teologica vasta e intensa come quella del "profeta delle Ardenne", anche perché la troppa schematicità potrebbe farci incorrere in interpretazioni semplicistiche e superficiali che falserebbero il giudizio su di un cosi' grande teologo del secolo scorso. Congar si è sempre collacato "nel giusto mezzo" tra chi non vuole cambiare niente e chi, al contrario, vuole cambiare tutto e troppo rapidamente. La via di mezzo, che non è opportunismo tattico o di circostanza teso ad evitare posizioni troppo estreme in una paura paralizzante rispetto alle decisioni da prendere, è, in realtà, l'atteggiamento di chi prende in considerazione la complessità degli elementi in gioco e delle distanze esistenti tra le spinte ideali e la loro concretizzazione storica che esige tempi più lunghi. Occorre procedere senza arroccamenti ma anche senza forzature confidando nella bontà dei tempi di crescita di ciascuno e con una fiducia incondizionata nella storia della chiesa in quanto in essa è sempre attivo ed operante lo Spirito di Dio. Congar è stato un teologo aperto alla storia. La storia assume in lui una speciale valenza teologica. Non è stato formalmente uno storico ma i suoi libri sono farciti di conoscenze di natura storica, biblica e soprattutto patristica. Questo non solo per collocare nel tempo le varie asserzioni dottrinali e contestualizzarle ma anche perché la storia è uno dei principali "luoghi teologici". A questo riguardo un elemento peculiare di Congar è il ritorno alle fonti. Fonti sono anzitutto le Scritture, il Vangelo e la Tradizione della Chiesa a partire dai padri apostolici. Quando Congar parla di ritornare alle fonti non pensa ad un mero archeologismo del passato ma ad un riandare al dato originario per riprendere freschezza e dissetarsi di nuovo attraverso il contatto con la fonte viva. Il ritorno alle fonti però va coniugato con una sapiente lettura dei problemi degli uomini. Ciò non equivale, però, ad un'apertura indiscriminata ad ogni novità, né coincide con un accomodamento alle mode del presente. Non è detto, infatti, che il "novum" coincida sempre con il "bonum". Tuttavia assumere le problematiche dell'uomo contemporaneo garantisce alla Chiesa una maggiore aderenza alla realtà e una più grande fedeltà al vangelo.

La sua ecclesiologia tenta una sintesi tra le due categorie di popolo di Dio, che sarà ripresa nella costituzione conciliare *Lumen Gentium*, e di Corpo di Cristo, recepita nell'enciclica di Pio XII *Mystici Corporis* del 1943. Popolo di Dio esprime bene l'idea di una moltitudine sulla quale regna Dio ed è una definizione di grande valore storico perché introduce un dinamismo nella Chiesa, vista come un popolo in cammino verso una meta fissata da Dio. Ma è anche una definizione di profondo respiro antropologico in quanto la Chiesa è fatta da persone che credono, ecumenico e missionario in quanto permette il dialogo soprattutto con le chiese nate dalla riforma allergiche ad ogni forma di istituzionalizzazione e gerarchia e, infine, dialogico perché permette il confronto con le filosofie della storia. È chiaro che se il concetto di riforma non è applicabile ad una Chiesa concepita unicamente come istituzione è, invece, esigito da una Chiesa pensata come Popolo di Dio, a motivo del valore che in essa si dà alla storia. Ma questa definizione isolata ha dei limiti e va completata con quella di Corpo di Cristo che evidenzia come nella compagine ecclesiale ci siano molte membra diverse e dirette da un capo che è Cristo. Dirette dall'interno per mezzo di un'influenza vitale, lo Spirito di Dio, e dall'esterno per mezzo di un'azione che si serve di forme visibili. A questo riguardo Congar utilizzerà spesso, parlando della Chiesa, il vocabolo di popolo messianico, vocabolo che, secondo lui, riesce a sintetizzare bene i concetti sopracitati[40]. Congar abbandonerà definitivamente il concetto di Chiesa piramidale e societas perfecta gerarchica di matrice medioevale per abbracciare un concetto di Chiesa circolare dove Cristo con il suo Spirito anima la comunità e dove i vari ministeri, compresi quelli istituiti e sacramentali, non sono altro che dei servizi di quello che la comunità è chiamata ad essere e ad operare. Il discorso sui ministeri viene inserito all'interno di un'ecclesiologia totale dove anche il laico viene definito positivamente in base alla sua vocazione e al contributo che può dare alla edificazione della Chiesa[41]. Nel testo *Vraie et fausse rèforme dans l'èglise*, da molti considerato il libro migliore di Congar, viene affrontato il tema delicato della riforma ecclesiale dove non si parla di riforma della Chiesa ma di riforma *nella* Chiesa e si delineano le condizioni di un sano riformismo che è rinnovamento e sviluppo nella vita concreta della Chiesa. Fra le varie condizioni che Congar annovera ricordiamo il primato della Carità, il dovere della comunione, la pazienza dell'attesa e il ritorno al principio di Tradizione[42].

---

40 Y. M. Congar, *Un popolo messianico,* Brescia: Queriniana, 1976.

41 Y. M. Congar, *Per una teologia del laicato,* Brescia: Morcelliana, 1966. Si veda anche il testo: Y. M. Congar, *Ministeri e comunione ecclesiale,* Bologna: Dehoniane, 1973.

42 Y. M. Congar, *Vera e falsa riforma nella Chiesa,* Milano: Jaca Book, 1972.

Nella teologia di Congar l'ecclesiologia si apre naturalmente all'ecumenismo. Per quanto concerne questo delicatissimo ed essenziale tema, secondo il Nostro, due vie vanno escluse: La via del ritorno all'ovile della Chiesa Cattolica dei cristiani non cattolici perché è indice di integrismo ecumenico e la via del differimento dell'unità fra i cristiani all'escatologia come un miracolo che Dio compirà alla fine dei tempi perché porta ad un pessimismo ecumenico. Il modello ecumenico da perseguire è ricercare un'unità della fede e una unità/diversità delle sue formulazioni. Bisogna, in altri termini ed estrema sintesi, coniugare la cattolicità con la diversità ed il pluralismo[43].

---

43 Y. M. Congar, *Diversità e comunione,* Assisi: cittadella, 1983.

Capitolo secondo

La Tradizione nella vita della Chiesa in Yves Congar

Intento del presente capitolo è delineare la teologia della Tradizione nell'opera di Yves Congar cercando di scorgere, senza pretese di esaustività, il filo conduttore delle sue riflessioni. Abbiamo già accennato come, proprio negli anni di fermento conciliare, egli diede alla luce dei contributi specifici al tema in questione e pubblicò i due volumi *La Tradition et les traditions. Essai historique* nel 1960 e *Essai thèologique* nel 1963[44]. Nel *Saggio storico* Congar abbozza una storia della Tradizione che, partendo dalla Scrittura e passando per i Padri della Chiesa, il medioevo, la riforma protestante e la teologia post tridentina, arriva fino all'idea di Tradizione recepita dal magistero in questi ultimi due secoli. Questo testo, pur essendo un saggio storico, mantiene una finalità teologica che viene ripresa e approfondita nel secondo saggio. Congar in questi due lavori supererà definitivamente una posizione apologetica e polemica, tipica di una certa teologia post tridentina, giudicata troppo angusta e sterile, per aprire la strada ad una concezione di Tradizione ben più ampia e significativa.

1.1 Tradizione e tradizioni

A seguito del Concilio di Trento uno dei problemi che si presentò all'interno della riflessione fu la mancanza di chiarezza terminologica e teologica. Ricordiamo come ci si fermò a parlare solo di tradizioni apostoliche senza

[44] Congar ci ha lasciato contributi importanti per lo studio della tradizione. si guardino i due fondamentali volumi di Y. M. Congar, *La Tradizione e le tradizioni, saggio storico* e Y. M. Congar, *La Tradizione e le tradizioni, saggio teologico,* Roma: edizioni S. Paolo, 1965 e, in via più sintetica, Y. M. Congar, *La Tradizione e la vita della Chiesa,* Milano: Edizioni San Paolo, 1983.

ulteriori specificazioni e come si passava indiscriminatamente dalla Tradizione alle tradizioni al plurale come se questi due termini, singolare e plurale, avessero lo stesso significato e valore.

Nella riflessione teologica di Congar assumerà, al contrario, un rilievo del tutto particolare l'analisi del termine Tradizione. Egli lo esaminerà in tutte le sue possibili accezioni in quanto solo un quadro di riferimento terminologico chiaro può aprirci ad una visione e prospettiva teologica corretta della tradizione. Tutto questo a partire dalla fondamentale differenza fra Tradizione e tradizioni.

Congar fa una triplice distinzione: vi è una Tradizione, o meglio, *La* Tradizione come trasmissione della realtà totale del cristianesimo la quale è originariamente apostolica e poi, nella realtà della trasmissione, ecclesiastica, vi sono delle tradizioni apostoliche e delle tradizioni ecclesiastiche di origine, essendo state costituite dalla Chiesa nel corso della sua storia[45].

Vi è, afferma il Congar, un primo concetto di Tradizione. La Tradizione, così la chiama lui, in senso lato o con la T maiuscola. Questa è il principio dell'intera economia di salvezza.

Dice il Congar:

In questo primo significato, formale e del tutto generale, la Tradizione, o trasmissione è il principio stesso di tutta l'economia della salvezza. La ingloba e la domina tutta quanta a partire dalla sua origine, che è semplicemente Dio: Dio nel senso neotestamentario della parola, che designa il Padre, l'Origine assoluta, il Principio senza principio, la Sorgente primordiale non solo, per creazione, delle cose visibili e invisibili, ma anche, per processione, della divinità stessa del Figlio e dello Spirito Santo. Dio (il Padre) dona poi il suo figlio al mondo: glielo *dà*[46].

Continua il Congar:

L'economia comincia quindi con un "dare", con una Tradizione *divina;* essa continua negli e per mezzo degli uomini che Iddio ha prescelti e inviati a tal fine. L'invio del Cristo e l'invio dello Spirito Santo fondano la Chiesa e la proiettano nell'esistenza, come un prolungamento di loro medesimi: "Come il Padre ha mandato me, anch'io mando voi"[47].

---

45 Y. M. Congar, *La Tradizione e la vita della Chiesa* 52.

46 *Ivi* 22.

47 *Ibidem.* I testi biblici a cui Congar fa riferimento sono: Gv 20,21;17,18; cf 1 Gv 1,1-3; Gv 10,14-15; 17,26; Lc 22,29. 31-32; cf Rm 1,1-6; 1 Cor 3,23;11,3.

Si può comprendere come la Tradizione cosi intesa è anche dottrina ma non solo, in quanto include tutta la realtà che viene comunicata[48]. È una consegna e una trasmissione, di generazione in generazione, della verità salvifica compiutasi in Gesù Cristo. È la comunicazione di un tesoro sempre uguale in grado di trascendere lo spazio e il tempo. Se prendiamo in considerazione il contenuto precipuo dell'atto del consegnare possiamo notare come fanno parte della Tradizione le Sacre Scritture, le varie dottrine, i sacramenti, le istituzioni della Chiesa, il Magistero, le consuetudini ed i riti liturgici. In altri termini della Tradizione in senso lato fa parte l'intera realtà del cristianesimo.

Dopo una prima nozione lata della Tradizione se ne impone una più ristretta. La Tradizione, in questo senso, significa una trasmissione veicolata in modo diverso rispetto alla Scrittura[49]. Una prima riflessione, in questo senso, è d'obbligo. Vi è una priorità della trasmissione non scritta rispetto alla Scrittura e una dipendenza dello scritto dalla Tradizione orale. Alle origini il cristianesimo veniva comunicato essenzialmente attraverso la Tradizione. È vero che, successivamente, quegli stessi apostoli, dopo aver predicato il vangelo, ce l'hanno trasmesso mediante le Scritture e l'economia salvifica vuole insieme Tradizione e Scrittura. La Scrittura, però, sarà utile ricordarcelo, è sempre collegata agli apostoli mediante la loro "Tradizione" orale e si è conservata e mantenuta intatta nella Chiesa tramite la successione dei Vescovi. Una Tradizione che, per sua natura, sorpassa e sfugge ad ogni enunciazione e codificazione testuale:

In questo tipo di trasmissione va annoverata in primo luogo la parola viva: gli apostoli sono stati essenzialmente dei testimoni, degli araldi della Buona Novella, dei predicatori, dei dottori. Le Chiese si sono costituite e si sono organizzate per mezzo della parola: quando S. Paolo enumera i ministeri sui quali esse si edificano, nomina sempre i ministeri della parola (vedere 1Cor 12,28; Ef 4,11). Ma bisogna attribuire il debito posto anche all'esempio vivo degli apostoli. L'ideale giudaico del discepolato sorpassava di gran lunga il campo del sapere, nel quale non si è che allievi; tale ideale comprendeva l'imitazione della vita e dei modi di fare del maestro. Il discepolo non soltanto riceveva le lezioni orali dal maestro onde impararle a memoria (ciò che costituiva un regime di "tradizione" estremamente severo che senza dubbio

48 (1Gv 1,1-3).

49 Y. M. Congar, *La Tradizione e le tradizioni, saggio teologico,*126.

Gesù aveva applicato ai suoi discepoli), ma si metteva alla sua scuola anche sul piano dei gesti e degli atteggiamenti vitali più profondi[50].

Questa Tradizione, comunicata dagli apostoli, non è un discorso definito e chiaro ma è una vita ed un'esperienza concreta. È il modo in cui si vive. È una comunicazione da vivente a vivente e da una generazione ad un'altra il cui contenuto è inseparabile dall'atto del comunicare. Afferma ancora Congar paragonando felicemente la Tradizione con l'educazione:

Non si educa una persona tenendole dei corsi di morale e di condotta, ma facendola vivere in un ambiente eletto per esemplarità di comportamento e nobiltà di modi, ed i cui principi, raramente formulati in astratto, vengono comunicati mediante i mille gesti familiari nei quali essi sono come incarnati, così come lo è uno spirito nel corpo ch'esso modella e in cui viene espresso ... Il bambino riceve dalla Comunità, nella quale entra, la vita ed il tesoro di cultura delle generazioni che l'hanno preceduto (tradizione!), trasmesso con gli atti e secondo i modi della vita medesima[51].

Un elemento fondamentale di questa concezione della Tradizione è che il cristianesimo viene posseduto e considerato nella sua totalità. È una esperienza della realtà che appartiene a tutto un popolo, alla Chiesa nel suo insieme. La fede non è solo personale ma è un principio corporativo e comunitario di qualcosa che si riceve e che, a sua volta, si comunica e per cui ci si aggrega. Il primo luogo di questa Tradizione è il battesimo in cui la fede viene trasmessa come conoscenza, principio di vita e salvezza, catechesi e sacramento. Il processo della Tradizione continua, poi, in tutta la vita cristiana che è la vita della Chiesa attraverso una struttura bipolare in cui da un unico centro che è Cristo scaturisce il nutrimento alla duplice mensa della Parola e dell'Eucarestia in grado di produrre, in modi differenti ma convergenti, pienezza di vita e salvezza.

Il risultato di una suddetta concezione della Tradizione è la nascita del *sensus ecclesiae*. Nel significato oggettivo del termine il *sensus ecclesiae* è la credenza comune ed unanime della Chiesa. È il contenuto della comunione cattolica che sorpassa tutto ciò che siamo stati capaci di formulare e comprendere.

---

50 Y. M. Congar, *La Tradizione e la vita della Chiesa,* 22.

51 *Ivi* 33.

È la realtà del cristianesimo. Vi è anche, però, un significato soggettivo del *sensus ecclesiae* che è un istinto e un sentimento che nasce dalla coscienza che la Chiesa ha della propria identità e di ciò che potrebbe metterla in pericolo.

Esistono delle tradizioni apostoliche non scritte[52] ma che, avendo la stessa origine di quelle scritte, hanno la medesima autorità. Del resto è la stessa Scrittura che attesta di non essere la regola ultima e sola delle norme inerenti la fede e il comportamento. Tuttavia è importante sottolineare come queste tradizioni trattino punti secondari ed elementi relativi a qualche realtà principale che si trova attestata formalmente nella Scrittura e punti inerenti la liturgia, il culto o la disciplina della Chiesa, ossia questioni pratiche e non articoli di fede, anche se possono avere ripercussioni dottrinali. Altre due considerazioni meritano attenzione. La prima è che sullo stesso argomento spesso convivono parecchie tradizioni come, del resto, esistono quattro vangeli che presentano delle differenze tra loro pur narrando la stessa vicenda. La seconda è che per tradizioni apostoliche si indica non solo l'istituzione di un rito o di una prassi da parte degli apostoli ma anche la trasmissione di direttive generali su cui i pastori, nel corso del tempo, si sono basati nello stabilire usi e costumi precisi. Si può affermare che, in Congar, non esistono articoli di fede che la Chiesa ricava dalla Scrittura indipendentemente dalla Tradizione e, d'altro canto, non vi è nessun articolo di fede ricavato dalla sola Tradizione.

Esistono, infine, tante tradizioni che sono ecclesiastiche di origine in quanto sono state costituite nel corso della storia della Chiesa e si inverano in consuetudini ecclesiastiche, riti, disciplina, istituzioni. A volte acquisiscono la forma storica o la precisazione di una realtà di origine apostolica o divina come, per esempio, l'eucarestia domenicale o il papato. Talvolta queste tradizioni sono puramente ecclesiastiche e alle volte rappresentano la continuazione storica di quello che è stato iniziato dagli apostoli quali, per esempio, i riti sacramentali.

---

52 Y. M. Congar, *La Tradizione e le tradizioni, saggio teologico* 131.

Va detto che spesso c'è una reale sovrapposizione o mescolanza tra ciò che è ecclesiastico e ciò che è divino o apostolico ma ciò non toglie l'importanza di una distinzione chiara che aiuti nel discernimento tra le diverse tradizioni[53].

Sentiamo come il Nostro parla dell'identità delle diverse tradizioni. Ciò può aiutarci a meglio chiarire la questione:

Le tradizioni sono determinazioni normative nelle condizioni che restano da precisare e che non sono contenute formalmente nelle scritture canoniche. Possono emanare sia da Gesù, sia dagli Apostoli, sia dalla Chiesa, ed essere dunque divine, apostoliche, ecclesiastiche. Possono essere durevoli o precarie. Per induzione si giunge alla conclusione che, senza pregiudizio delle loro implicazioni dogmatiche, tali tradizioni concernono principalmente il culto e la disciplina[54].

Concludiamo questo primo paragrafo con le parole dello stesso Congar che, in un libro intervista del 1987 in cui ricordava una conferenza a Montreal nel lontano 1963 (questo è il motivo del tempo passato del brano in questione), fu in grado di riassumere mirabilmente il suo pensiero in poche e semplici battute:

La Tradizione, era la trasmissione del *traditum,* del contenuto dell'evangelo, del contenuto della parola di Dio, più esattamente della Rivelazione; mentre le tradizioni erano la forma storica, confessionale in fondo, nella quale ciascuno riceve e vive la Tradizione. Infatti, non si vive la Tradizione se non in una tradizione[55].

1.2 I Soggetti della Tradizione

Alla luce delle distinzioni che Congar introduce, il presente paragrafo ha intenzione di rispondere ad alcune domande: chi è il responsabile della Tradizione? In quale modo e a quali condizioni? Si è più volte specificato come la Tradizione in epoca neotomista, e anche prima, avesse finito per coincidere tout court con il contenuto da trasmettere, un bagaglio spesso inerme di cose "depositate" da conservare gelosamente. Congar non nega l'importanza del contenuto ma lo riaggancia, sulla scorta del recupero delle "fonti" biblico-

[53] Si veda H. Holstein, *La Tradizione nella Chiesa* 182-186; J. R. Geiselmann, *La Sacra Scrittura e la tradizione* 27-31.
[54] Y. M. Congar, *La Tradizione e le tradizioni, saggio teologico* 105.
[55] *Y. M. Congar, Conversazioni d'autunno,* 103-104.

patristiche, al soggetto coinvolto nella trasmissione e, di conseguenza, all'atto del trasmettere.

Dice il Congar che la Tradizione consta di due momenti. Il primo momento, denominato Tradizione costitutiva, si ha con la formazione del deposito e coincide essenzialmente con la Rivelazione. Il secondo momento è la comunicazione e la trasmissione del deposito, attraverso la storia e lo spazio. Quest'ultimo, senza escludere la Rivelazione di cui ne è il prolungamento, rappresenta la presenza attiva di Dio e quanto egli ha compiuto ai tempi dei profeti, del Cristo e degli apostoli. La Chiesa è il soggetto della trasmissione di questo deposito. Quindi Rivelazione e Tradizione sono due momenti distinti ma intimamente legati in quanto la seconda non è altro che la trasmissione della prima, il tramandare la comunicazione che Dio ha fatto di se stesso tramite dei testimoni. Trasmissione destinata a compiersi in Gesù, "Magistero" di Dio[56]. Esiste perciò una reale continuità tra questi due momenti: è la continuità della stessa Economia divina, trascendente e concreta al contempo, composta da un corpo-missione che è la Chiesa e da un anima-Spirito Santo. In altri termini la Chiesa cattolica crede che Dio con un'unica venuta ha realizzato un corpo di missione nel mondo e che questo è, al contempo, una realtà di diritto divino e una realtà pubblica. Si può parlare, sotto quest'ottica, di un unico soggetto della Tradizione che, dalla fonte costituita da Dio Padre, da Gesù in qualità di testimone del Padre e dai profeti e apostoli, arriva fino a noi[57].

1.2.1 Lo Spirito Santo, soggetto trascendente della Tradizione

Prima di delineare in che senso lo Spirito è "l'anima" della Tradizione[58], sarà utile, per la presente ricerca, tracciare, senza false pretese di esaustività, un

56 *Y. M. Congar, La Tradizione e la vita della Chiesa,* 58.

57 Lc10,16; 9,48; Mt10,40; Mc9,37; Gv13,20.

58 Y. M. Congar, *La Tradizione e le tradizioni, saggio teologico,*196.

breve identikit dello Spirito Santo[59], rimandando a ulteriori lavori per un approccio più approfondito e sistematico allo studio della pneumatologia.

Dice il Congar:

Questo Spirito, che è il legame d'amore tra il Padre e il Figlio, è anche il legame profondo di quel che Dio fa all'esterno per realizzare la comunione degli uomini con sè. Lo Spirito "ha parlato per mezzo dei profeti", come cantiamo nel *Credo*. Egli ha impresso in Gesù Cristo medesimo il moto della sua missione pubblica di rivelatore e di salvatore ... Egli conferisce agli apostoli ed alla Chiesa l'intima animazione necessaria all'opera di cui sono incaricati[60].

Per elaborare l'idea che lo Spirito è il soggetto trascendente della Tradizione, Congar si rifà alla scuola teologica di Tubinga la quale, con Mohler, sosteneva che è lo Spirito che interiorizza l'insegnamento di Cristo nella Chiesa e, dato che questo insegnamento trova espressione nella Tradizione, ne deriva che lo Spirito è l'anima della Tradizione. "L'ufficio che compete allo Spirito Santo è, quindi, di attualizzare e interiorizzare ciò che è stato detto e fatto dal Cristo"[61]. In altri termini la trasmissione del Vangelo nella Chiesa e per mezzo della Chiesa, viene attribuita allo Spirito Santo come al suo soggetto più profondo e "metastorico"[62]. È lui che irradia, nel tempo e nello spazio, l'opera di salvezza portata dal Cristo una volta per tutte. È solo nell'apertura al soffio dello Spirito che è possibile inverare nel tempo la Tradizione permettendo alla Chiesa di dare significato alla propria fedeltà al mandato ricevuto da Cristo. Lo Spirito garantisce la conservazione della Tradizione e, nello stesso tempo, è il principio realizzatore del mistero cristiano in una fede dilatata in prospettiva storica. Questo non significa giustificare tutto quello che accade nella Chiesa in quanto è proprio lo Spirito colui che la richiama a tornare al Vangelo in un discernimento dei criteri

---

59 F. Lambiasi, v. *Spirito Santo,* in *Dizionario di Teologia Fondamentale,*1168-1177.

60 Y. M. Congar, *La Tradizione e le tradizioni, saggio teologico,*196. Per ulteriori approfondimenti sulla Persona dello Spirito Santo si rimanda alla trilogia di Y. M. Congar, *Credo nello Spirito Santo,* 3 voll., Brescia: Queriniana, 1999. Utile è anche il libro più sintetico e divulgativo: Y. M. Congar, *Spirito dell'uomo Spirito di Dio, breve trattato sullo Spirito Santo,* Brescia: Queriniana, 2000 e Y. M. Congar, *La Parola e il Soffio,* Roma: Borla, 1985.

61 Y. M. Congar, *La Tradizione e le tradizioni, saggio teologico* 203.

62 Y. M. Congar, *La Tradizione e la vita della Chiesa,* 65. Y. M. Congar, *La Tradizione e le tradizioni, saggio teologico,*199-210.

idonei ad interpretare la propria missione nella storia. Del resto va ricordato che non c'è "incarnazione" dello Spirito Santo nella Chiesa come vi è del verbo di Dio in Gesù Cristo ma vi è alleanza garantita dalla fedeltà di Dio in un rapporto che equivale a quello instaurato tra due persone che conservano la propria libertà, senza confondersi o fondersi l'uno nell'altro[63]. In altri termini parlare dello Spirito Santo come anima della Chiesa e principio trascendente della sua identità non significa che tutto ciò che avviene nella Chiesa è garantito in toto dallo Spirito, infatti nella storia della Chiesa si sono registrati molti sviluppi discutibili.

In sintesi si può affermare che lo Spirito è l'anima del corpo ecclesiale. E, proprio come ogni anima, costituisce il principio di vita e di coscienza della Chiesa. È colui che, attraverso i tempi e la varietà delle persone e delle comunità, garantisce alla Chiesa unità e comunione. È Il soggetto che assicura alla Tradizione della Chiesa la sua identità più profonda.

1.2.2 La Chiesa, soggetto visibile e storico della Tradizione

Afferma il Congar:

> Tutti i cristiani sono, come corpo, responsabili del cristianesimo, e parallelamente tutti i cristiani formano, come corpo, un sacerdozio ed un tempio santo (cf.1Pt 2,5-10). Essi portano e trasmettono il cristianesimo o il Vangelo di generazione in generazione. Nel corpo dei cristiani, cioè nella Chiesa, la gerarchia come continuazione degli apostoli ha ricevuto il mandato e l'autorità, o il potere corrispondente, di custodire e di spiegare autenticamente il deposito apostolico del Vangelo. Altra cosa è la semplice trasmissione: essa è, almeno in qualche modo, compito di tutti; altra cosa è custodire, giudicare e definire come magistero[64]: tale è l'ufficio della gerarchia, costituita dal collegio dei vescovi uniti al papa, che è il capo del collegio dei vescovi come Pietro lo era del collegio degli apostoli. Fedeli e gerarchia formano, corporativamente e organicamente, il soggetto della Tradizione[65].

In questo brano è chiaramente esemplificata la visione ecclesiologica di padre Congar. Egli richiamandosi costantemente ai Padri della Chiesa presenta

---

63 *Ivi* 68.

64 Un testo fondamentale per conoscere e comprendere il magistero è: F. Ardusso, *Magistero Ecclesiale, il servizio della Parola,* Milano: Edizioni San Paolo,1997. Vedere anche F. A. Sullivan, v. *magistero,* in *Dizionario di Teologia Fondamentale,* 653-661.

65 Y. M. Congar, *La Tradizione e la vita della Chiesa,* 70-71.

l'ecclesia[66] essenzialmente come una comunità di cristiani, in quanto la fede cristiana è per sua intima natura comunitaria e pubblica, contrassegnata da fedeli e pastori che insieme cercano di vivere nella grazia di Dio per approdare alla Salvezza. Di conseguenza tutti siamo responsabili nel trasmettere la fede ed è la Chiesa intera il soggetto che media la Tradizione, la quale diventa una condivisione della realtà stessa del cristianesimo. È una visione che a chiarissime note ricusa quell'ecclesiologia preconciliare che Congar definirà gerarcologica. La gerarchia è si considerata, ma all'interno di una più ampia realtà di vita cristiana che rimane il valore principale da perseguire. La gerarchia nella visione congariana, poi ripresa dalle istanze conciliari, viene posta al servizio della comunità dei fedeli di cui anch'essa, con i suoi specifici compiti, è parte.

Il nostro autore delinea che se è vero che gerarchia e fedeli fanno parte del medesimo corpo che è la Chiesa e ad ambedue è richiesto un comune impegno nel trasmettere il dato rivelato il modo di esplicare questo impegno assumerà, però, connotati diversi a seconda che si parli di fedeli o di magistero come atto precipuo della gerarchia. Nel Nuovo Testamento il compito di quelli che governavano la comunità era quello di trasmettere l'insegnamento apostolico, i quali erano legittimati a motivo dell'ininterrotta linea di successione apostolica. I successori degli apostoli venivano investiti dallo Spirito per la missione che gli conferiva la forza e il coraggio per la testimonianza apostolica. Essi, in altri termini, conservavano e trasmettevano quanto avevano ricevuto per uno "speciale" mandato conferito direttamente da Gesù, il quale ha assicurato i mezzi per assolvere questo fondamentale e difficile compito[67]. Il soggetto della Tradizione è tutta la Chiesa ma in maniera del tutto speciale lo sono coloro che ne sono posti a capo con il sacramento dell'ordine. Il magistero ha tre compiti propri principali[68]. Il primo e prioritario compito è quello di custodire fedelmente il

66 Si veda: Y. M. Congar, *Santa Chiesa, Saggi ecclesiologici,* Brescia: Morcelliana,1967.
67 Cf. Mt 16, 16-19; Gv 21, 15-17; Mc 3, 13-19; Mt 10,1-41; Mt 28, 16-20.
68 Y. M. Congar, *La Tradizione e la vita della Chiesa* 71-75.

Depositum Fidei in una funzione di testimonianza della sua totalità nel rispetto e nell'equilibrio delle sue parti. La testimonianza che va custodita è quella apostolica che ha per contenuto l'alleanza sancita in Cristo. Una testimonianza che è chiamata a rimanere pura e integra. La seconda importante caratteristica del magistero è quella di saper discernere e giudicare correttamente l'apporto delle varie tradizioni in quanto non tutte hanno lo stesso valore. La domanda di fondo che soggiace a questo compito è la seguente: nelle epoche passate che cos'è destinato a rimanere di perenne e immutabile in quanto attinente la fede della Chiesa e che cosa, invece, vi è di sorpassato o inadatto per l'epoca attuale? è il dilemma spinoso del saper riconoscere in mezzo a tante tradizioni la vera Tradizione e rimanere fedele ad essa. Questo è il compito del magistero ed è fondamentale per capire come una Tradizione può avere valore per il presente. Solo il magistero è capace di adempiere in pienezza a questo impegnativo compito in quanto ha una grazia particolare per questo scopo. L'ultimo compito del magistero è di "definire" la fede tradizionale promulgando i "dogmi"[69], cioè sentenze e leggi normative per tutta la Chiesa. Lo fa esercitando l'autorità che gli è stata conferita per "pascere" il Popolo di Dio che gli è stato affidato, esercitando il suo potere di giurisdizione. Questa funzione non costituisce, però, un compito ordinario del magistero, ma "straordinario" in quanto si esercita solo quando si è costretti dall'emergere di qualche eresia che minaccia l'integrità della fede della Chiesa. Quest'ultimo non è che una conseguenza dell'ufficio magisteriale di custodia del deposito che, in certi momenti, non si può salvaguardare senza precisarne i contenuti e i confini. È ciò che è avvenuto in modo specifico nei concili ecumenici. Con queste tre attività il magistero pastorale conferisce alla tradizione materiale il carattere di Tradizione formale, cioè gli conferisce la forma

---

[69] Dogma viene da una radice che vuol dire apparire e sembrare. In filosofia indica ciò che sembra vero ed ha valore di opinione. La parola ha assunto in seguito il significato di sentenza, massima. Nella Chiesa è una dottrina che si impone alla credenza dei fedeli. Per saperne di più vedere G. F. Mansini, v. *Dogma*, in *Dizionario di Teologia Fondamentale*, 343-353.

ed il valore di regola di fede valida per la Chiesa, quella regola che è chiamata ad imporsi ai fedeli come il contenuto della Tradizione da credere.

Sentiamo come Padre Congar riesce mirabilmente a far sintesi delle questioni poste:

La parola del magistero è costituita e condizionata dalla Tradizione apostolica, scritta o non scritta, presa nel suo stato originale che le Scritture hanno perfettamente conservato, o nel suo stato elaborato in dogmi. Pur valutandola e giudicandola, il magistero dipende lui stesso dalla Tradizione, poiché esso rappresenta una funzione nella Chiesa e non si trova al di sopra né al di fuori di lei; e riceve l'assistenza divina solo allo scopo di custodire e definire la fede *della Chiesa.* Giudica la Tradizione nel senso che decide se essa è proprio quella *della Chiesa.* Ma dall'istante in cui l'ha riconosciuta come tale, le si sottomette come alla propria regola interiore: esattamente come la coscienza si sottomette al bene sin dal momento in cui lo ha colto[70].

Si evince come il magistero non è al di sopra della Tradizione ma, bensì, dipende dalla Tradizione ed è al servizio della fede della Chiesa in quanto è subordinato al *Depositum fidei* come un testimone della Rivelazione. Si pone, però, un problema perchè a questo punto il magistero al fine di riconoscere la vera Tradizione della Chiesa deve necessariamente far uso dei mezzi che gli permettono di riconoscerla. Congar ne evidenzia due. Il primo mezzo è il segno dell'unanimità, cioè tutto quello che è stato creduto sempre, da tutti e dovunque appartiene sicuramente alla Tradizione con la T maiuscola[71]. Qui si evince la differenza tra l'auspicabile progresso nella fede e il deprecabile mutamento. Mentre il progresso, infatti, è la dilatazione nel tempo di una struttura già esistente, il mutamento comporta sempre il cambiamento della struttura da cui si è originati e ciò non fa parte dell'idea di Tradizione vivente portata avanti dalla Chiesa. Il secondo mezzo è lo studio o il ricorso alla competenza di quei teologi e studiosi che conoscono i "monumenti" della Tradizione.

Il magistero non ha la scienza infusa, deve in primo luogo ricercare il senso dei testi e ricavare dai monumenti che ce ne son pervenuti i necessari ragguagli su quanto hanno creduto e ritenuto i nostri Padri, infine vedere in che senso le determinazioni già stabilite orientano la dottrina[72].

---

70 Y. M. Congar, *La Tradizione e la vita della Chiesa,*77.

71 Il richiamo è alla regola di Vincenzo di Lerins (434) espressa nel *Commonitorium*: "quod ubique, quod semper, quod ab omnibus". Congar ne richiama in questo frangente la valenza positiva mentre in altri contesti criticherà la regola giudicandola eccessivamente statica e archeologizzante.

72 Y. M. Congar, *La Tradizione e la vita della Chiesa,* 87.

Certamente i teologi non possono vincolare il magistero, limitandolo o obbligandolo, e non appartengono alla Chiesa docente ma possono comunque svolgere un ruolo importantissimo presso il magistero, sempre se si pongono in un'ottica di servizio alla Chiesa. Poi chiaramente al magistero spetterà il delicato e difficile compito di decidere e discernere.

E i fedeli laici[73] che spazio occupano in questo processo di trasmissione della Tradizione? Anche i laici sono i promotori e i custodi della Tradizione mediante i gesti e gli atti della vita quotidiana in cui si manifesta la fedeltà cristiana. È la testimonianza della vita, spesso e volentieri molto più eloquente di tanti sermoni. Va sottolineato, afferma il Congar, che la fedeltà dei credenti è verso un cristianesimo che essi hanno ricevuto, oltre che attraverso i gesti appresi in famiglia in una testimonianza evangelica calda e accogliente, attraverso la predicazione, la catechesi e nei sacramenti. Perciò la loro fede dipende anche dalla missione apostolica e dalla Tradizione attiva del magistero istituito. D'altro canto si può affermare che la testimonianza dei laici non fa altro che rimandare al magistero stesso un'eco del suo insegnamento ma questa eco non è e non può essere semplicemente qualcosa di meccanico ma è l'eco di soggetti viventi e come tale è chiamato a portare un contributo originale attraverso la pratica religiosa. Non va dimenticato, inoltre, che vi è "la facoltà quasi istintiva che la fede ha di aderire al suo oggetto"[74] e questa facoltà non è appannaggio solamente della gerarchia perché lo Spirito è donato a tutta la Chiesa, laici e gerarchia, per mantenerla in una fede indefettibile. È il *sensus fidelium* della Chiesa[75], definito da Congar anche coscienza della Chiesa perché proprio come la coscienza si compone di due aspetti. Un aspetto oggettivo che esprime il contenuto e il dato della fede e un aspetto soggettivo che richiama la maggiore comprensione del dato di fede. La Tradizione ingloba in sé il senso oggettivo e soggettivo della fede, la

---

73 Si veda la già citata opera pionieristica di Y. M. Congar, *Per una teologia del laicato.*

74 Y. M. Congar, *Per una teologia del laicato,*403.

75 S. P. Ninot, v. *Sensus fidei,* in *Dizionario di Teologia Fondamentale,*1131-1134. Si veda anche J. R. Geiselmann, *La Sacra Scrittura e la tradizione* 22-26.

quale esiste solo nella coscienza dei credenti e si esplica nella comunione di più persone nelle stesse realtà della salvezza.

1.3 Il contenuto della Tradizione: Tradizione e Scrittura

Il contenuto della Tradizione, la sua "fonte", tanto per esprimerci con un linguaggio a noi noto del Concilio di Trento, è il Vangelo che non è altro che l'annuncio di Gesù Cristo, nostro Signore e salvatore, come conoscenza della sua vita ma, soprattutto, come forza operante e presente nella storia degli uomini. Da questa unica fonte discendono, come a cascata da un unico fiume di grazia, due ruscelli: la Tradizione e la Scrittura[76]. Ed è proprio dei loro rapporti che ci occuperemo in questo paragrafo.

Si può considerare la Tradizione, dice il Nostro, come un modo diverso dalle Scritture di comunicare la stessa realtà del cristianesimo e, in questo caso, offre lo stesso contenuto della Scrittura, seppur in altri termini. Per i Padri la Tradizione dà il contenuto delle Scritture che contengono il necessario per vivere in Grazia di Dio. La Tradizione ha l'importantissimo compito di dichiararne il senso ed esplicitarne l'interpretazione. Questo perché il senso delle Scritture si trova al di fuori di esse.

Le Scritture non svelano il loro senso soltanto attraverso la lettura ma il loro svelamento è sempre inerente ad uno spirito vivente in alleanza con Dio che è la Chiesa. Vi è nella Scrittura un senso letterale, storico ed esegetico che è inerente al testo ma vi è anche un senso dogmatico che va al di là del testo e suppone la fede della Chiesa, cioè la Tradizione. In altri termini la bibbia diventa il Pane di vita del Popolo di Dio solo se viene compresa secondo il senso che Dio gli ha dato. E questo senso viene colto in pienezza solo nella Tradizione della Chiesa. Il testo in quanto tale non è la Parola di Dio ma solo il suo sacramento. Ciò che più conta, infatti, non è la lettura della bibbia ma l'atto che Dio compie nell'intimo

---

76 Per un approfondimento del rapporto tra Tradizione e Scrittura si veda Y. M. Congar, *La Tradizione e le tradizioni, saggio teologico,*267-348.

dell'uomo. Questa tesi, ben delineata dai Padri e dalla Tradizione cattolica occidentale e orientale, viene negata dalla tesi protestante della sufficienza della Scrittura. Secondo questa tesi la Scrittura si spiega da sé ed è l'unica fonte di autorità e di grazia stabilita da Dio. Questa concezione però si scontra con alcuni elementi del mondo riformato quali le differenti interpretazioni che le varie chiese e comunità danno della stessa Scrittura, leggendo la Bibbia ciascuna secondo una propria "tradizione", ed, altresì, il fatto che la loro unità non proviene dalla sola Scrittura, come affermano, ma anche da quello che hanno ritenuto dalla Tradizione anteriore alla riforma protestante avendolo considerato conforme alla Scrittura quale, per esempio, il simbolo degli apostoli e i primi quattro concili ecumenici.

Questa enunciazione teorica si traduce in due conseguenze pratiche. La prima è che la traduzione della Scrittura deve essere fedele all'interpretazione del magistero pastorale. È necessario che ogni traduzione venga accompagnata da note non solo di carattere esegetico ma anche di spiegazioni teologiche conformi alla Tradizione. È fondamentale approcciarsi allo studio delle Scritture nella Tradizione vivente della Chiesa. La seconda conseguenza, che è poi un prolungamento di quest'ultima, è che nello studio delle Scritture è importante pervenire ad una sintesi in grado di cogliere i legami fra i vari passi scritturistici senza considerare semplicemente un unico interessante ma pur sempre limitato punto di vista come, per esempio, quello puramente esegetico o letterario. È fondamentale saper cogliere la realtà profonda che sta dietro al testo e che è il mistero cristiano di alleanza. Il pericolo, infatti, è quello di attaccarsi ad alcuni passi scritturistici e di costruire su di essi una propria "teologia" in una lettura spesso settaria e fondamentalista[77] trascurando l'equilibrio d'insieme, la compensazione apportata da altri testi, i generi letterali, il principio della gerarchia delle verità. Trascurando, per l'appunto, la sintesi. Afferma il Congar:

---

[77] J Wicks, v. *Fondamentalismo,* in *Dizionario di Teologia Fondamentale,*444-445.

La Tradizione non è dissociante: è invece sintesi, armonizzazione. Non procede partendo dalle periferie ed isolando qua e là qualche testo, ma al contrario lavora dall'interno, collegandoli tutti al centro e disponendo i dettagli a seconda del loro riferimento all'essenziale. In lei e grazie a lei la Chiesa non è quella di Paolo o di Apollo o di Cefa ad esclusione di quella di Giovanni, né quella della lotta contro la Grande Prostituta lasciando in oblio il Corpo Mistico o l'Eucarestia, né quella dello Spirito Santo in opposizione a quella di Cristo, né quella della grazia senza una legge certa, né quella della dottrina senza profetismo, né quella del profetismo senza dottrina[78].

Chi non permane in questo orizzonte ermeneutico delineato dalla Tradizione sulla Scrittura approda all'eresia. I vari movimenti ereticali hanno sempre fatto riferimento alle Scritture. C'è da dire che spesso questi movimenti nascono proprio per purificare la Chiesa riportandola alla Parola del Vangelo. Gli ariani, i marcioniti, i luterani, i calvinisti ed altri si sono ancorati, nelle loro teorie, a parti della Scrittura estremizzate e portate all'eccesso fino al punto di snaturarne e pervertirne il senso. In fondo le eresie sono sempre uno sguardo particolare eretto a sistema universale.

Passiamo ora a tracciare, seppur schematicamente, le qualità rispettive della Tradizione e della Scrittura. Va detto innanzitutto che sono ambedue di natura umana e divina al tempo stesso. A livello umano vi è, però, una differenza consistente nel fatto che il lavoro di trascrizione umana nelle Sacre Scritture è fissato per sempre nella carta dai profeti e dagli apostoli nella forma che hanno deciso di dargli, mentre nella Tradizione la parte umana è coestensiva alla storia che deve attraversare e non è costituita solo dagli apostoli e dalla loro epoca. L'aspetto divino è legato, sia nella Tradizione che nella Scrittura, all'azione dello stesso Spirito santo che crea un legame di continuità tra i due. Nonostante l'evidente continuità tra i due vi è una differenza qualitativa in quanto la Scrittura, a differenza della Tradizione che è unicamente assistita dallo Spirito, è ispirata dallo Spirito santo e questo ne fa la norma assoluta della vita cristiana. La Chiesa riconosce che la Scrittura contiene tutto quello che è necessario per la salvezza. Tuttavia non è la sola norma come per i protestanti ma è accompagnata da altri

---

78 Y. M. Congar, *La Tradizione e la vita della Chiesa,*102.

due principi ai quali è legata da rapporti reciproci strettissimi e dipendenti l'uno dall'altro: la Tradizione e la Chiesa. La Tradizione ingloba e oltrepassa la Scrittura. Per mezzo della Tradizione la Chiesa annuncia e insegna mentre tramite la Scrittura verifica, conferma, prova o critica la Tradizione, anche perché è fissa e ciò gli permette di essere un riferimento indiscutibile nel conservare i "monumenti" della Tradizione. La Chiesa, invece, interpreta la Scrittura nella sua Tradizione e dirime le controversie grazie al magistero e rifacendosi costantemente alla Scrittura e alla Tradizione.

La Tradizione, a ben vedere, non solo apporta in modo diverso le stesse cose sancite dalla Scrittura ma, contemporaneamente, apporta obiettivamente cose che la Scrittura non contiene. Gesù non aveva lasciato alcun testo scritto e agli apostoli aveva assegnato la missione di predicare e non di scrivere. È attraverso la predicazione e la trasmissione del Vangelo che gli apostoli avrebbero edificato le varie comunità[79]. I loro scritti, rispetto alla totalità delle esperienze vissute e depositate nella Chiesa, appaiono spesso incompleti e frammentari. Basti pensare alla letteratura paolina che riflette, spesso e volentieri, problemi contingenti delle comunità a cui, di volta in volta, si riferisce presupponendo quella fede acquisita tramite l'azione sul campo del predicatore. Esistono, quindi, innegabilmente nella Scrittura delle tradizioni apostoliche non scritte che rappresentano anzitutto, ma non solo, dei riti, liturgie, discipline e comportamenti etici. Un esempio per tutti è il Canone biblico[80]. Perché la Chiesa riconosce solo quattro Vangeli e chiama gli altri "apocrifi"? Qual è la ragione per cui vengono accolti solo certi scritti come normativi per la fede? Il criterio di discernimento, in questo senso, al fine di valutare se uno scritto è canonico o meno, ha attinto sempre dalla fede trasmessa dalla Chiesa e, in seguito, dal magistero. Il problema, in altri termini, era di operare il riconoscimento di alcuni testi. Verso la fine del II secolo, secondo un criterio oggettivo e indipendentemente dalle scelte soggettive dei singoli e delle

---

79 1Ts 2,13; 2Ts 2,15; 3,6; 1Cor 11,2; 15,1-5; Gal 1,9.12; Rm 6,17; Fil 4,9; Col 2,6.8.

80 J. Wicks, v. *Canone biblico*, in *Dizionario di Teologia Fondamentale,* 130-140.

comunità, si operò il riconoscimento di quei testi considerati ispirati da Dio e questi testi erano quelli in cui la Chiesa rivedeva la sua esperienza ecclesiale, la sua anima più vera, e questo era possibile semplicemente riconoscendo in quei testi quello che già vi era presente: l'ispirazione.

Questa Tradizione apostolica, di cui la formulazione del Canone è un esempio, non va assolutamente dissociata da quella Tradizione ecclesiale che si è sviluppata, nel corso della storia, nei vari Concili e insegnamenti del magistero e dei dottori, nei Padri, nelle liturgie, nelle varie istituzioni e pratiche dei fedeli nell'esercizio della vita cristiana. Per comprendere in pienezza il rapporto tra Tradizione e Scrittura è necessario evidenziare che il concetto di Parola di Dio non si identifica solo con la Scrittura. Il testo sacro ci racconta degli eventi passati e conclusi in sé stessi ma poi queste parti acquistano significato in uno spirito vivente. Questa è la dimensione dinamica della Parola. Questa è la Tradizione.

Afferma il Nostro: "La verità è che non esiste alcuna dottrina che la Chiesa professi sulla base della Scrittura *sola*, indipendentemente dalla Tradizione, come non ne esiste alcuna ch'essa professi in base alla sola Tradizione orale, indipendentemente dalla Scrittura ..."[81]. Questo perché, da un lato, la Scrittura non rappresenta niente per la fede se non si considera in essa il suo senso più vero che ci viene donato dalla Chiesa animata dallo Spirito e anche perché, dall'altro lato, la Tradizione non può prescindere dal testo scritto, anche se oggettivamente lo completa poiché offre, dogmaticamente parlando, il senso delle Scritture e fa sintesi nel senso che è in grado di rapportare i vari dati particolari della fede e di incanalarli verso il suo centro: il mistero pasquale.

1.4 La Tradizione come sviluppo

"Sono un uomo della Tradizione-amava ripetere Congar-. E tradizione significa tutt'altro che immobilismo: è la presenza di uno stesso principio in ogni

---

[81] Y. M. Congar, *La Tradizione e la vita della Chiesa,* 109.

momento della sua storia"[82]. La Tradizione non è pura trasmissione meccanica di un deposito inerte. È, invece, la consegna da un soggetto vivente all'altro e un soggetto nel trasmettere, come nel ricevere, mette qualcosa di sé. La tradizione non è una semplice attività intellettuale in cui si trasmettono nozioni e dottrine sganciate dalla vita dei singoli ma è uno scambio di doni in cui i soggetti vengono coinvolti attivamente per quello che sono[83]. Questo soggetto vivente è un soggetto storico in quanto vive ed opera inevitabilmente in un contesto in cui la Tradizione è continuità, fatta di conservazione e fedeltà al messaggio da trasmettere, ma è sempre una continuità in cui non vi è solamente una riproduzione del passato ma, bensì, fedeltà di un vivente che vive una storia[84]. La Tradizione non è soltanto memoria ma è presenza ed esperienza attuale. Ha una forza creatrice e non solo conservatrice. La Tradizione è continuità di uno sviluppo a partire dal dono iniziale e integrazione nell'unità di tutte le forme che questo sviluppo ha assunto e presenta nel tempo presente. È per dirla con il Padre Congar: "... permanenza del passato in un presente in seno al quale essa prepara l'avvenire"[85]. La Tradizione si nutre, quindi, del rapporto dialettico tra passato da conservare e apertura al futuro e questi due aspetti vanno saputi tenere insieme in una tensione reciproca. Ma sentiamo direttamente il Nostro:

> La Tradizione comporta dunque due aspetti, ugualmente vitali: un aspetto di sviluppo ed uno di conservazione. Perciò si può fare appello ad essa sia principalmente allo scopo di salvaguardare la purezza del deposito, a rischio di chiudere il presente all'avvenire, sia principalmente allo scopo di aprire il presente all'avvenire ricercando la pienezza. Fra la purezza e la pienezza esiste una specie di tensione o di dialettica, di cui nessuno dei termini può essere sacrificato[86].

Quando questa tensione non si esplica in pienezza si può cadere in una concezione storicista e documentarista della Tradizione in cui si tende essenzialmente a conservare l'esistente e a sopravvalutare il ruolo del magistero o nello scadere, al

---

82 Y. M. Congar, *Un popolo messianico*,8.

83 Tradizione viene dal latino *traditio*, sostantivo corrispondente al verbo *tradere*, trasmettere, consegnare, dare. *Ivi*,21.

84 Y. M. Congar, *Conversazioni d'autunno*,13-15.

85 Y. M. Congar, *La Tradizione e la vita della Chiesa*,116.

86 *Ivi*,119.

contrario, in un rivoluzionarismo sterile e senza radici perché in contrapposizione alla Chiesa. In questo versante si pone il crinale che distingue i veri dai falsi riformatori. I giansenisti, i gallicani e i vetero cattolici, solo per fare qualche esempio, hanno propugnato una visione statica della Tradizione. Una concezione che minaccia il trinomio Chiesa-Scrittura-Tradizione e che, spesso, non riesce ad andare oltre alla semplice materialità del testo. Congar evidenzia, in particolare, due derive: il fariseismo che è la tentazione di chi pensa che l'osservanza è il fine di tutto, un osservanza che rivolge un attenzione eccessiva all'istituzione ecclesiastica dimenticando che essa è solo un mezzo e non può mai assurgere a fine e il rischio della sinagoga di chi rifiuta lo sviluppo e il progresso a motivo di una fedeltà assoluta ad un passato da conservare puro e integro, una fedeltà assunta anch'essa come fine e dimenticando che, per quanto importante, è solo un mezzo e va sempre saputa coniugare con gli orientamenti della cultura, del pensiero e delle problematiche degli uomini del tempo presente. Nello "spirito della sinagoga" si annovera la paura per ogni novità che si traduce, poi, nella conservazione delle forme istituzionali esistenti e in nessuna forma di apertura storica[87]. È questo il caso di Mons. Lefebvre il quale fa continuamente appello alla Tradizione ma, la sua, è una tradizione da lui definita come un ritorno alla "Roma eterna", alla "messa di sempre" di S. Pio V, al concilio di Trento, al Sillabo e così via, ossia a Roma fino a Giovanni XXIII e Paolo VI esclusi, fino al messale del 1969 escluso. Lefebvre non fa altro, in fondo, che confondere la Tradizione con le tradizioni. "La sua" Tradizione è fissata nelle formule del passato e manca l'adattamento e l'aggiornamento ai bisogni di oggi, spesso percepiti come un venir meno agli imperativi della fede[88]. Sentiamo come Congar risponde, con rispetto e fermezza, a Mons. Lefebvre:

> Possiamo comprendere che una fedeltà cattolica sincera s'ancori a una certa forma di questa tradizione, in quanto la chiesa è tradizione, trasmissione di ciò che è stato dato una volta per sempre: rivelazione, sacramenti, ministero. Temperamenti portati ad assiomi categorici, netti, privilegeranno le forme che rispondono al loro gusto. Ma il grande fiume della tradizione è più

---

87 Y.M.Congar,*Vera e falsa riforma della Chiesa,*Milano:Jaca Book,1972,120-134.

88 Y.M.Congar,*La crisi nella Chiesa e mons. Lefebvre,* Brescia:Queriniana,1976,53-55.

largo di un canale rettilineo in un alveo rigido di cemento. La tradizione dei Padri è più ricca di quella di cui il santo concilio di Trento ... ha fissato il contenuto di fronte alla Riforma. Lo Spirito santo non ha abbandonato la chiesa ha partire dal 1962 o dal 1965! Siamo "cattolici" in pienezza con la vera chiesa di sempre, quella del Vaticano II come quella di Trento e di Nicea, la chiesa di Paolo VI come quella di Pio V e del papa s. Marcello (309)![89]

Rispetto ai farisei e agli uomini della sinagoga emergono i profeti e i riformatori. Questi si oppongono al fatto che i mezzi diventino fine e che le forme esteriori siano ricercate e servite per sé stesse. Ricordano che non si ha la verità in sé stessa la quale trascende sempre le nostre convinzioni ed è sempre più alta e profonda. I veri profeti sono coloro che aprono la strada e spingono la Chiesa alla sua duplice fedeltà, al Vangelo e agli uomini[90], sempre però, a differenza dei rivoluzionari, contrassegnati da un atteggiamento di "obbedienza e accettazione; pazienza, silenzio e fede, sottomissione alle condizioni concrete della comunione, temperanza e moderazione"[91]. In altri termini il vero riformismo è il passaggio da una tradizione meno profonda ad una più profonda. Un risalire alle origini e al principio per andare avanti e in cui si contesta una certa e univoca modalità di realizzazione recente della tradizione in quanto insufficiente dal punto di vista del principio profondo a cui ci si riferisce. Spesso questi uomini si scontrano inevitabilmente con i vari farisei esistenti e gli uomini della sinagoga ma ciò non deve spaventare ma richiamare ad una fedeltà alla Tradizione con la T maiuscola che proviene in dono dal passato ma che, necessariamente, è aperta al soffio dello Spirito che orienta la Chiesa verso un futuro ancora inedito e da scoprire.

La Chiesa, afferma il Congar, sviluppa una conoscenza più profonda della Tradizione anche con l'esperienza che fa delle realtà cristiane sotto la guida dello Spirito Santo. Pensiamo ai laici che, anche senza accorgersi, vivono il loro cristianesimo nella vita ordinaria e in modo semplice, in conformità al magistero e secondo l'insegnamento dei Padri della Chiesa. Questi contribuiscono enormemente a sviluppare il *depositum fidei*. I teologi e i dotti, pur non

89 *Ibidem*,55.
90 Y.M.Congar,*Vera e falsa riforma della Chiesa*,155.
91 *Ivi*,428.

rinunciando a questo suddetto compito primario, contribuiscono in modo specifico allo sviluppo della Tradizione con l'investigazione scientifica e ai pastori compete il compito e la responsabilità di vigilare perché vi sia identità e fedeltà nel trasmettere il deposito della fede.

In conclusione la Tradizione è la trasmissione del deposito della fede ma è anche "la spiegazione che di tale deposito si viene facendo per il fatto ch'esso è vissuto, difeso e spiegato dal Popolo di Dio di generazione in generazione. La Scrittura, testimonianza profetica ed apostolica del disegno di Dio, *si spiega* nella Tradizione: sotto questo aspetto nella parola ecclesiale ... vi è *di più* che non nel testo della Scrittura filologicamente studiato e storicamente compreso. Ma il magistero e la Chiesa debbono tornare incessantemente al punto d'origine, che è normativo, del deposito trasmesso. Ciò facendo, essi tornano ad immergersi in una pienezza che li sorpassa: nella sorgente originaria v'è *di più* che non in quello che viene alimentato da essa".[92]

1.5 I "monumenti" o testimoni della Tradizione

La Parola di Dio ci arriva sempre attraverso mediazioni che spiegano e trasmettono in tutte le culture l'unica Parola di salvezza. Congar chiama queste mediazioni monumenti o, più semplicemente, testimoni della Tradizione in quanto sono al servizio di essa come parti eminenti dello stesso corpo di Cristo che è la Chiesa. Sono dei documenti in cui ha trovato, nel corso dei secoli, espressione materiale la Tradizione. I documenti che hanno espresso e che esprimono il dato originario della Rivelazione costituiscono un mezzo privilegiato di quello che è stato creduto e consegnato dalla fede della Chiesa. Sono lo specchio attraverso il quale possiamo conoscere il volto della Chiesa. Va detto, però, che i monumenti della Tradizione non coincidono con la Tradizione stessa ma sono un mezzo che, fissando un aspetto di essa, ci permettono di cogliere

---

[92] Y.M.Congar, *La Tradizione e la vita della Chiesa,* 125-126.

qualcosa della Tradizione che, nella sua essenza, è infinitamente più grande dei suoi monumenti e non si può ridurre ad essi. È come la coscienza che supera sempre le sue espressioni. La Tradizione è come la coscienza della Chiesa e non si può ridurla a quanto ne è stato espresso nel passato in quel tal monumento. Queste mediazioni non hanno tutte lo stesso valore ma è ravvisabile una gerarchia di valore fra le stesse. La prima mediazione in ordine di importanza, che costituisce la misura e la norma di tutte le altre mediazioni, è la Sacra Scrittura nel senso che svolge un ruolo critico in tutto quello che vuole affermarsi nella Chiesa. Essa è la regola chiamata a valutare la predicazione, il culto, la dottrina e la devozione. La Scrittura arriva a noi per consegna materiale, cioè da una generazione all'altra, e attraverso la testimonianza scritta del Kerigma apostolico. Come importanza vengono subito dopo i testi del magistero, soprattutto vanno annoverati tra questi i dogmi, gli insegnamenti solenni dei concili, del Papa, del magistero straordinario e di quello ordinario dei vescovi. Altri monumenti della Tradizione sono la liturgia, i Padri della Chiesa, i simboli di fede ma, anche, l'archeologia cristiana, l'epigrafia e le testimonianze artistiche che ogni epoca ci ha lasciato in eredità. Congar nella sua trattazione concentrerà la sua attenzione su tre tipi di monumenti: la liturgia, i Padri e le espressioni spontanee del cristianesimo.

1.5.1 La Liturgia

Congar individua la liturgia come il luogo più eminente per trasmettere la fede, dove il culto consente di custodire e di far vivere ciò che si professa[93]. La liturgia è, nello stesso tempo, statica e dinamica. È statica perché consta di un rito sempre uguale che si tramanda fedelmente. Per il nostro studio è importante constatare come il perpetuarsi della liturgia nel tempo ci ha permesso di entrare in possesso di un patrimonio notevole che rimane superando le barriere spazio

---

[93] Per una panoramica ben più approfondita della Liturgia della Chiesa si rimanda ai testi a cura di B.Neunheuser, S. Marsili, M.Augè,R.Civil,*Anàmnesis,introduzione storico-teologica alla Liturgia,*Vol.1,Genova:Marietti Editore,1979.

temporali al fine di permettere a uomini di diversi periodi storici e distanti tra loro di vivere in comunione perché legati alla stessa realtà. La liturgia, però, è anche dinamica. È, infatti. memoriale attivo, presenza e realizzazione della celebrazione del mistero cristiano e, come tale, è qualcosa di profondamente unitario che raggiunge nel mistero dell'alleanza sancita da Cristo con l'Eucarestia il suo centro più profondo. La liturgia ha un grande valore di totalità perché anche in pochi gesti trasmette tutta la realtà, unendo ed armonizzando, in una mirabile sintesi, elementi che a volte vengono scissi o contrapposti (valore personale e comunitario, gerarchia e popolo, ritualismo e interiorità ...). "La liturgia contiene, trasmette ed esprime a suo modo la totalità dei misteri, di cui l'intelligenza e il dogma stesso non hanno formulato che certi aspetti"[94]. Non c'è nulla di più educativo per l'uomo che la liturgia in quanto lo educa alla totalità unificandolo in tutte le dimensioni della sua persona. È una penetrazione della fede e dell'amore nella vita del credente. Afferma il Congar:

La Tradizione, come la liturgia, è l'atto di un soggetto che ama, che prega, che medita e che, facendo ciò, si addentra progressivamente in una percezione sempre più profonda di quello che essa possiede e che pratica ogni giorno[95].

Con un'immagine la paragona al latte materno: "Un alimento completo, perfetto e, nello stesso tempo, assimilabile"[96]. Al contrario delle Scritture, che non hanno espresso il tutto del deposito che Cristo ha affidato alla Chiesa, la liturgia ci mette direttamente in contatto con la realtà ed è in grado, eventualmente, di trasmettere qualcosa che la Scrittura non contiene formalmente. Ricordiamo a questo riguardo che gli scritti apostolici rispondevano a problemi concreti e, senza certi abusi adempiuti dalla comunità di Corinto circa l'Eucarestia, noi forse non avremo il grande discorso paolino del Corpo e Sangue di Cristo. Gli insegnamenti liturgici, al contrario, si identificano con quelli della professione di fede e sono capaci di esprimere la fede più e meglio di altre attività. La liturgia, proprio come la

---

94 Y.M.Congar, *La Tradizione e le tradizioni, saggio teologico*, 225.
95 Y.M.Congar, *La Tradizione e la vita della Chiesa*, 139.
96 Y.M.Congar, *La Tradizione e le tradizioni, saggio teologico*, 364.

Scrittura, è cristologica e indirizzata a Dio, solo che svolgendosi tutta sotto i riflettori della Pasqua e della Pentecoste mette meglio in rilievo le grandi linee tracciate dalla Bibbia Rendendo più esplicito il senso cristologico della Scrittura. Mi piace concludere il presente e breve paragrafo con una citazione tratta dallo stesso Congar:

... se la Tradizione, nel suo fondo dogmatico, è una lettura delle Scritture nella continuità della lettura che ne è stata fatta da Cristo e dagli apostoli, la liturgia è veramente l'arca santa e la più calda dimora della sacra Tradizione. Essa comunica il senso di Cristo come centro irraggiante di tutta la storia della salvezza, senza mai separarlo dalla Chiesa e dai santi, che costituiscono la sua sfera d'irraggiamento. E lo comunica non tanto spiegando in guisa dottorale quanto rendendo concretamente presente, facendo celebrare e quasi rappresentare il mistero di Cristo e ritornandovi continuamente sopra, come fa il sole con un bel paesaggio, per illuminarlo sotto diverse angolazioni e con diverse luci[97].

1.5.2 I Padri della Chiesa

Afferma il Congar:

La civiltà di un paese riceve continuamente nuovi apporti creativi: e tuttavia in genere essa fa riferimento ad un'epoca classica, i cui i tratti fondamentali del suo genio hanno trovato un'espressione vigorosa, sobria, ben centrata sull'essenziale[98].

Ed ancora:

La Chiesa ha avuto la sua epoca classica nei secoli IV e V, quando, attraverso le lotte sostenute dai Padri e dai grandi concili, ha precisato la propria fede di fronte alle eresie trinitarie e cristologiche, cioè sui punti più essenziali e più fondamentali - quando è stato fissato il testo delle grandi liturgie, dopo un periodo di libera creazione – quando le prime regole religiose e i canoni dei concili hanno gettato le basi della legislazione canonica ed ascetica ... Di modo che, sia stata qualunque cosa vissuta e creata in seguito, fu creata e vissuta usufruendo dell'apporto dei Padri e facendo riferimento ad essi, anche quando non se ne aveva coscienza. Ogni cristiano crede nella SS. Trinità con il concilio di Nicea e con S. Atanasio, che ne è stato l'eroico e lucido difensore. Ogni cristiano crede nella divinità personale dello Spirito Santo con il concilio di Costantinopoli del 381 e con S. Basilio, che ne ha preparato la decisione. Ogni fedele che partecipa alla liturgia eucaristica prega con quelli che l'hanno formulata a partire dalla metà del IV secolo. Ogni monaco dipende da S. Pacomio, da S. Basilio e da S. Benedetto e dalle loro regole[99].

---

97 Y.M.Congar,*La Tradizione e la vita della Chiesa,*142.

98 *Ivi,*146.

99 *Ivi,*146-147.

I Padri, vissuti entro l'VIII secolo, sono stati essenzialmente figli della Chiesa nel senso che hanno apportato alla Chiesa le cose che, per primi, avevano ricevuto da lei. Sono stati uomini di Tradizione nel vero senso del termine. Eppure li definiamo padri in quanto, in un certo senso, hanno generato la Chiesa tramite alcune determinazioni fondamentali che hanno arricchito il pensiero e la vita della Chiesa. In altri termini i Padri sono coloro che hanno apportato, illuminati dallo Spirito Santo, un contributo decisivo nella vita della Chiesa in materia di fede, culto e disciplina[100]. In questo versante ci si riferisce a loro non in maniera meccanica ma in modo vivo, creativo e libero. L'epoca dei Padri "fu quello della Chiesa nella sua giovinezza. Non quello della nascita, né dei suoi primi anni, ma quel momento dell'esistenza, in cui l'individuo forma nel proprio spirito e nella propria coscienza quelle idee e quelle grandi immagini, quelle convinzioni e quelle reazioni profonde, quegli orientamenti e quelle esperienze primarie, quei rifiuti pure, che definiscono le basi di un carattere, e con i quali si vivrà per tutta la vita"[101]. L'epoca dei Padri è quella in cui si è venuto, con riferimento costante alla Scrittura e all'esperienza concreta, progressivamente a delineare e a definire il *depositum fidei* lasciatoci dagli apostoli. Quali sono le caratteristiche dei Padri? In primo luogo sono dei commentatori delle Scritture. I trattati nei quali S. Atanasio discute gli argomenti ariani non sono altro che dei commenti ai testi biblici e ciò vale per S. Basilio, S. Agostino e tutti gli altri. Tutta la loro opera, inoltre, è pastorale in quanto mira ad edificare la Chiesa e a difenderla dalle eresie. Per questo le loro opere non sono mai semplicemente lavori di erudizione ma, dovendo rispondere alle esigenze concrete del popolo loro affidato, sono opere immediate e semplici pur nella profondità delle meditazioni. Si è già accennato al carattere apologetico dei Padri in quanto lavorano per illustrare e difendere il mistero cristiano il quale, per loro, non è mai semplicemente e primariamente un

---

100 Per una introduzione alla teologia dei Padri vedere: E.Cattaneo,G. de Simone,L. Longobardo,C. Dell'osso,*Patres ecclesiae,una introduzione alla teologia dei Padri della Chiesa,*Trapani:Il pozzo di Giacobbe,2008.

101 Y.M.Congar,*La Tradizione e le tradizioni,saggio teologico,*382-386.

oggetto di studio ma è essenzialmente una realtà che vivono, pregano e cercano di assimilare. Sono uomini spirituali che vivono nella Scrittura e della Scrittura. Sono dei mistici: uomini d'unità dove non c'è separazione tra ascesi e teologia, tra vita di preghiera e contemplazione speculativa dei misteri. Sono segno di un'umanità pienamente integrata e unificata, modello dell'antropologia teologica. Questa unità è ravvisabile anche nella loro teologia che presenta il dono della totalità perché si riferiscono sempre alla centralità e alla pienezza del mistero cristiano, senza cadere in visioni parziali o frammentarie. Essi sanno mirabilmente illustrare la storia della salvezza che ha origine in Dio e che, attraverso Cristo e la sua Chiesa, ha come scopo il far entrare l'uomo nella comunione divina. Vi è, infine, in loro una sapiente lettura cristologica delle Scritture che caratterizza la Tradizione nel suo aspetto dogmatico fondamentale. Si può affermare che i Padri sono i testimoni privilegiati della Tradizione ma ciò non significa che in loro ogni cosa è espressione di Tradizione. In certi casi troviamo anche degli errori in loro, S. Ireneo ha condiviso le vedute millenaristiche del suo tempo e S. Agostino, solo per fare qualche esempio, nella sua lotta antipelagiana è approdato ad una considerazione troppo pessimistica dell'impegno umano. I Padri costituiscono un riferimento assoluto per la fede solo in quello che insegnano in modo unanime e come appartenente alla fede della Chiesa.

1.5.3 Le espressioni spontanee del cristianesimo

Ultimo monumento della Tradizione esaminato da Congar sono quelle che definisce "le espressioni spontanee del cristianesimo"[102] le quali rappresentano quelle azioni e quelle consuetudini presenti nella vita quotidiana che esprimono il vangelo, come la nascita e la morte, l'infanzia e la vecchiaia, l'amore e la famiglia, la malattia e l'attenzione ai poveri, la festa e il lavoro ecc. In queste situazioni la Tradizione si rende presente tramite gli effetti sociali prodotti dalla fede. È la testimonianza della vita cristiana nella società. Le testimonianze più luminose e

---

102 *Ivi* 394-395.

autorevoli nella società ci vengono date dalla vita e dagli scritti dei santi, le cui opere hanno segnato e cambiato il corso della storia, contribuendo a rendere la Tradizione più solida ed efficace. Si pensi, per esempio, ad un S. Benedetto fondatore del monachesimo occidentale o ad un S. Francesco. Incisiva è pure la santità nascosta dei semplici fedeli che, nel silenzio e nell'umiltà della testimonianza cristiana, hanno contribuito notevolmente allo sviluppo della società. In questa categoria rientrano anche i monumenti storici e artistici che duemila anni di fede cristiana hanno prodotto e che raccontano come è stata vissuta e capita la fede in Cristo.

1.6 La Tradizione in dialogo: la sfida ecumenica

Non si può comprendere il padre Congar senza un riferimento esplicito alla passione della sua vita: l'ecumenismo[103]. Afferma il Congar:

> L'ecumenismo è la mia preoccupazione e direi anche la mia vocazione da molto tempo, vocazione di cui posso precisare l'inizio, nella maniera più chiara, il 1929, con degli antecedenti, una specie di preparazione nell'infanzia e nella giovinezza, di cui ho parlato altrove. Spesso mi domando se sono stato fedele a questa vocazione e a questa grazia. Poiché ammetto che fu una grazia[104].

Il Nostro affrontando la questione delle differenze all'interno delle varie chiese e comunità cristiane ammette che queste differenze non sono scaturite da cose superficiali o semplicemente storiche ma derivano dal nucleo sorgivo della stessa fede ed è per questo che, in fondo, è problematico il cammino dell'unità visibile. Per esempio la differenza ortodossa di una chiesa sinodale in antitesi ad un primato papale deriva dalla sorgente come, del resto, lo è l'idea di riformare la Chiesa a partire dalla *Sola Scriptura.* Questo è importante perché ci fa comprendere come le varie tradizioni confessionali sono il modo in cui ciascuno

---

[103] Per saperne di più riguardo all'ecumenismo si rimanda a: Y.M.Congar,*Saggi ecumenici.Il movimento,gli uomini,i problemi,*Roma:Città Nuova,1986; T.F.Rossi,*Manuale di Ecumenismo,*Brescia:Queriniana,2012; Aa.Vv,*Pensare la fede in comunione,i dialoghi teologici tra le Chiese,*Milano:edizioni S.Paolo,2013; J.E.Vercruysse,v.*Ecumenismo,*in *Dizionario di Teologia Fondamentale,*361-372.

[104] Y.M.Congar, *Conversazioni d'autunno,*102-103.

esprime e vive la Tradizione fondamentale. E ciò va riconosciuto e complica enormemente il discorso[105].

L'opposizione, in merito al tema Tradizione, fra il protestantesimo e il cattolicesimo e l'ortodossia si fonda, secondo il nostro autore, su una questione che si può impostare con una domanda: qual è la norma per la Chiesa e per ogni fedele? La questione è sapere se la Chiesa con la sua struttura gerarchica, fatta di magistero e sacerdozio, è un elemento imprescindibile del rapporto religioso oppure, al contrario, basta la sola autorità di Dio che si invera nella *Sola Scriptura*[106]. Oggi quello che si può notare è che l'ecumenismo è divenuto un fatto di tale rilevanza e di tale ampiezza da aver contribuito a creare un clima diverso nel quale le Chiese vivono la loro vita e dove i problemi e le divergenze teologiche che da secoli dividono le varie comunità cristiane vengono affrontati in modo nuovo, più costruttivo, positivo e teso a superare certi irrigidimenti della controriforma. Inoltre la riscoperta e la rinascita degli studi ecclesiologici e biblico-patristici ha contribuito a far comprendere meglio la Tradizione e i suoi legami con la Scrittura e la Chiesa.

Sappiamo che i riformatori si sono accostati al tema della Tradizione con un atteggiamento polemico e di rifiuto[107]. Ma la Tradizione da loro criticata era la "vera" Tradizione con la T maiuscola o, al contrario, la loro critica verteva su un concetto di Tradizione medioevale concepita per lo più come consuetudine ecclesiastica e chiaramente contrassegnate da una visione di Chiesa autoritaria e piramidale? I riformatori si sono opposti a questa tradizione che, per loro, non aveva niente di divino. Oggi i protestanti riconoscono che i riformatori del XVI secolo non hanno veramente trattato il problema "Tradizione" e hanno incominciato a porsi il problema, anche grazie alle riunioni ecumeniche e ai

---

105 *Ivi,*104.

106 Y.M.Congar, *La Tradizione e la vita della Chiesa,*161-167.

107 H.Holstein, *La Tradizione nella Chiesa,*92-94. Per conoscere maggiormente le Chiese della Riforma si rimanda a: Y. M.Congar,*Martin Lutero.La fede-la riforma.Saggi di teologia storica,*Brescia: Morcelliana,1984. J.Wicks,v. *Luteranesimo,*in *Dizionario di Teologia Fondamentale,*647-652.

dialoghi bilaterali, della Tradizione e delle tradizioni. Stanno, cioè, riconoscendo nelle loro comunità l'influsso e la forza che le diverse tradizioni rivestono all'interno del mondo riformato. "La Chiesa della *Scriptura sola* non vive della sola Scrittura: come le altre chiese, essa legge la Scrittura in una tradizione"[108]. Allo stesso modo riconoscono meglio la loro dipendenza da una storia un tempo persino rifiutata. Tutto ciò, insieme ad un rinnovamento della coscienza dogmatica, induce a comprendere il cristianesimo come un evento di Tradizione, cioè di trasmissione nello spazio e nel tempo di un deposito costituito una volta per sempre. Importante è il fatto che si è pervenuti all'interno del movimento ecumenico nel 1952, all'interno della conferenza di Lund, a creare una apposita commissione incaricata dello studio della Tradizione. Nel 1954 si crearono, all'interno del progetto, due sezioni, una in Europa e una negli Stati Uniti incaricate proprio dello studio della Tradizione e delle tradizioni. Queste sezioni per tradizioni intesero le forme specifiche del cristianesimo come fatto umano, storico e sociologico. Per Tradizione, invece, considerarono la realtà del dono di Gesù consegnata al mondo da Dio. Solo quest'ultima è la parte essenziale del messaggio cristiano ed è l'unica che ha un valore normativo. Questi lavori hanno segnato un progresso e si sono aperte nei protestanti delle considerazioni abbastanza positive al riguardo, anche se permangono ancora delle difficoltà. Le questioni ancora irrisolte conducono tutte all'ecclesiologia. La domanda da porsi dove è evidente il distacco con le chiese della riforma è la seguente: la Tradizione ha un valore proprio come afferma la posizione cattolica oppure ha solo il valore che gli dà la Scrittura? Affermare, infatti, per le chiese e comunità riformate che la Tradizione ha un valore proprio significherebbe riconoscere come normativa l'intera istituzione ecclesiastica. Attualmente, in casa cattolica, vi è un accordo in attesa di un avvicinamento ecclesiologico con le chiese della Riforma. L'accordo è che la Scrittura presenta tutto l'insieme e l'essenziale del mistero cristiano anche

---

108 Y.M.Congar,*La Tradizione e le tradizioni,saggio teologico*,428.

se non vanno escluse verità appartenenti al *depositum fidei* e non formalmente presenti nella Scrittura. La Tradizione ha il compito di veicolare e trasmettere l'interpretazione autentica delle Scritture e di formare l'ambiente educativo e conservativo del senso cattolico. In questo modo si può dire che la Tradizione ci consegna la totalità del Vangelo, proprio come la Scrittura, formata dall'intelligenza della Chiesa e dall'esperienza che essa ha fatto delle realtà contenute nel Vangelo e di cui vive. Quindi sia la Tradizione che la Scrittura rappresentano la totalità del mistero cristiano con una importante differenza. La Tradizione, infatti, contiene vari elementi di cui la Scrittura contiene solo il principio come, ad esempio, il canone scritturistico, i Sacramenti, alcuni punti mariologici ecc. Sia la Tradizione che la Scrittura sono necessari per comprendere a pieno l'entità del *depositum fidei* ma è importante non cadere nell'errore dei teologi post tridentini che hanno finito per parlare di due fonti della rivelazione. È importante sottolineare come proprio il Concilio Vaticano II ha respinto l'espressione che parlava di due fonti della rivelazione e questo ha una grande importanza per il futuro del dialogo con i protestanti.

Congar attraverso un percorso teologico di non poca importanza, meditando su Gv 17 e sulla Trinità come fonte di unità, approdò alla concezione in cui le differenze esistenti fra le varie chiese e comunità, grazie ad un continuo dialogo sarebbero come l'una nell'altra proprio come le tre ipostasi del Padre, del Figlio e dello Spirito che sono distinte ma che hanno la stessa sostanza e sono come una nell'altra. Per esempio vi è un primato che è chiamato ad ammettere una conciliarità, presso i cattolici e gli ortodossi, e vi sono dei cristiani della riforma che, sempre di più, accettano che la Scrittura passi attraverso una Tradizione. È importante oggi giorno porre in essere atti di unità a partire, però, dalle diversità delle Chiese. È una "diversità riconciliata". Concludo il presente paragrafo con un sogno; il sogno ecumenico di Congar: quello di "riconoscere insieme, come condizione necessaria e sufficiente di comunione, l'essenziale della fede e delle strutture della Chiesa dei Padri e dei primi sette concili ecumenici. Ciò esigerebbe da parte di tutti una profonda conversione confessionale"[109].

1.7 La Tradizione è la vita della Chiesa

In conclusione si può affermare che il cambiamento prodotto dall'opera di Yves Congar in merito alla Tradizione consiste nel passaggio sostanziale da una Tradizione concepita quasi unicamente come un "qualcosa" da fare, un contenuto da dare agli altri ma, in fondo, estrinseco alla Chiesa e non implicante il coinvolgimento soggettivo di colui che trasmette ad una Tradizione concepita come intrinseca al mistero stesso della Chiesa e attinente alla sua essenza più profonda dove non è solo in gioco il "cosa" si è chiamati a trasmettere ma l'intera esistenza personale dei soggetti coinvolti nel processo di trasmissione. In altri termini la Tradizione non è quello che la Chiesa fa ma quello che la Chiesa è. Il titolo dell'opera di Y. Congar, *La Tradizione e la vita della Chiesa* meriterebbe, forse, un altro titolo probabilmente più in sintonia con il pensiero dell'autore stesso, *La Tradizione è la vita della Chiesa*. La Tradizione "Non è soltanto un sistema, un'organizzazione, ma una vita, la vita del popolo di coloro che vogliono essere di Gesù Cristo. La tradizione come vita della Chiesa nella comunione di fede e di culto, la tradizione come ambiente caldo in cui si forma, si esprime e si conserva il senso cattolico"[110].

---

109 Y.M.Congar,*Conversazioni d'autunno,*108.

110 Y.M.Congar,*La Tradizione e le tradizioni,saggio teologico,*11.

Capitolo terzo

Recezione della teologia di Congar al Vaticano II

Intento del terzo e ultimo capitolo è delineare come la teologia della Tradizione di Yves Congar ha influito ed ha trovato spazio all'interno del Concilio Ecumenico Vaticano II. La prima parte del capitolo è tutta incentrata sull'avventura di Congar al Concilio, prima come consultore della Commissione teologica e poi come perito conciliare, e sulla sua "visione" dell'assise. Per questa parte sono debitore del suo *Diario* del Concilio[111] che "oltre ad aver aggiunto un tassello prezioso alla storia del Vaticano II, ha consentito di apprezzare meglio il contributo davvero straordinario offerto dal domenicano. In quelle pagine, scritte di getto e spesso al termine di giornate fittissime e sfibranti, egli ci fornisce un resoconto dettagliato della sua avventura conciliare (contatti personali, conferenze, gruppi di lavoro ecc.), includendo interessanti reazioni e impressioni a caldo sugli avvenimenti e su molti protagonisti dell'assise. Descritti sempre con grande libertà"[112]. La seconda parte del capitolo è, invece, dedicata alla genesi e allo sviluppo del capitolo secondo della costituzione dogmatica sulla divina rivelazione, *Dei Verbum*, in cui si tratta della trasmissione nella Chiesa della Rivelazione e di come il nostro autore con la sua teologia ha influito nell'elaborazione del documento conciliare.

---

111 Y. M. Congar, *Diario del Concilio,* I-II, Cinisello Balsamo: Edizioni S. Paolo, 2005.

112 L. Merlo, *Yves Congar,* Brescia: Morcelliana, 2014, 23.

Parte prima

Yves Congar al Concilio Ecumenico Vaticano II

1.1 Congar al Concilio

Y. M. Congar fu nominato consultore della commissione teologica preparatoria del Concilio Ecumenico Vaticano II[113], insieme al gesuita Henri de Lubac, il 20 luglio del 1960[114]. In questo momento Congar non aveva nessuna idea precisa riguardo al Concilio e al ruolo che doveva assumere a Roma. Inizialmente accolse l'idea di un Concilio con un sentimento di entusiasmo e come una felice possibilità per il rinnovamento dell'ecclesiologia e dell'ecumenismo ma, in seguito, l'iniziale entusiasmo si tramutò in uno stato d'animo di diffidenza e scetticismo in quanto, nonostante le belle parole di Giovanni XXIII, vi erano degli elementi che non lasciavano intravedere niente di buono per la Chiesa. Ma sentiamo direttamente il Nostro:

> Personalmente sono stato ben presto e ripetutamente deluso: pur avendo Giovanni XXIII parole e gesti di grande simpatia, le sue decisioni e la sua azione di governo smentivano in gran parte tutto quello che aveva suscitato speranze. Il suo stile umano era cordiale, cristiano. Tutto quanto dipendeva direttamente dalla sua persona ci faceva uscire dall'insopportabile satrapismo di Pio XII. Ma il papa, comunque, aveva mantenuto al suo posto quasi tutto il personale del suo predecessore: a eccezione del *brain trust* S.J., del resto molto efficiente, di suor Pasqualina e di uno o due prelati, tutti gli altri erano rimasti. I suoi uomini di fiducia erano i cardinali Tardini e Ottaviani. Aveva richiamato a Roma mons. Parente, e gli aveva assegnato un incarico importante al "Sant'Ufficio": Parente, l'uomo della condanna di padre Chenu, il fascista, il monofisita.[115]

Tutto ciò, inoltre, fu accompagnato nel nostro teologo da un timore che, almeno nello stadio iniziale degli schemi che la curia romana inviò alla commissione preparatoria, sembrò divenire realtà:

---

113 R. Latourelle, v. *Vaticano II,* in *Dizionario di Teologia Fondamentale,* 1436. Per ulteriori approfondimenti sul Concilio Vaticano II ricordiamo la già citata voce di R. Latourelle, v. *Vaticano II,* in *Dizionario di Teologia Fondamentale,*1436-1449; P. Chenaux, *Il Concilio Vaticano II,* Roma: Carocci editore, 2012; G. Alberigo, *breve storia del Concilio Vaticano II,* Bologna: il Mulino, 2005.

114 Bernard Dupuy, *Prefazione* in Y. M. Congar, *Diario del Concilio 1960-1963,* 7-24. Eric Mahieu, *Introduzione* in Y. M. Congar, *Diario del Concilio 1960-1963,* 25-45. Si veda anche J. P. Jossua, *Yves Congar, profilo di una teologia,* 41-45, 216-249.

115 Y. M. Congar, *Diario del Concilio 1960-1963,* 67.

Temo che la Curia cercherà di limitare il più possibile il Concilio. Un Concilio è una vera riunione di vescovi, nella quale essi possono discutere liberamente e alla fine decidere. Il mio timore è che si cerchi di ridurre questa riunione al suo stadio finale, e che tutto il lavoro avvenga su testi elaborati da commissioni controllate da Roma, se non addirittura composte di Romani, sui quali chiedere poi ai vescovi un parere per iscritto. Di questi pareri, nella misura in cui vi saranno, si potrà tener conto, ma si potrà anche non farlo, nella redazione di un testo finale, che raccoglierà sicuramente una larghissima adesione nel corso dell'assemblea effettiva, della durata di poche settimane soltanto.
Questa procedura, qualora venisse realmente adottata, sarebbe per certi aspetti giustificabile. Certo, un dibattito dall'A alla Z è praticamente impossibile. Il lavoro dovrebbe essere già in una fase molto avanzata all'arrivo dei vescovi in Concilio. Ma che pericolo! Vi è il rischio, fortissimo, di un Concilio prefabbricato a Roma o sotto la direzione dei Romani. Moltissimi vescovi non hanno una visione complessiva dei problemi, soprattutto dei loro aspetti ideologici e teologici. Sono immersi in preoccupazioni pastorali immediate, e hanno inoltre perso l'abitudine a studiare e a decidere da soli! Sono ormai abituati a prendere atto delle decisioni già prese a Roma, salvo poi vedere condannato, o abolito, ciò che essi stessi avevano giudicato buono (si veda la questione dei preti-operai, o del Catechismo). Temo che molti di loro, quando riceveranno un documento, lo leggeranno appena, troveranno da correggere solo qualche dettaglio formale, e che il testo vada avanti così...[116]

La prima sessione del Concilio iniziò, l'11 ottobre del 1962, con la cerimonia di apertura in piazza S. Pietro e Congar fu colpito da questi 3000 rappresentanti venuti da tutto il mondo. Lo sfarzo e l'ampollosità della cerimonia diedero vita a delle riflessioni piuttosto amare sullo stato della Chiesa Romana. Scrive:

Tutto questo la Chiesa romana non l'ha mai ripudiato. L'uscita dall'età costantiniana non è mai stata nel suo programma. Lo sventurato Pio IX, che del corso della storia non aveva compreso nulla e che ha sprofondato il cattolicesimo francese in uno sterile atteggiamento di opposizione, di conservatorismo, di spirito di Restaurazione, era stato chiamato da Dio a comprendere la lezione degli avvenimenti, a far uscire la Chiesa dalla miseranda logica della donazione di Costantino, a convertirla a uno spirito evangelico che le avrebbe permesso di essere meno *del* mondo e più *per* il mondo. Fece il contrario. Uomo sventurato, che non sapeva cosa fosse *l'Ecclesia* né la Tradizione, e che ha spinto la Chiesa a essere sempre *del* mondo e non ancora *per* il mondo, che pure aveva bisogno di lei. E Pio IX regna ancora. Anche Bonifacio VIII regna ancora, e lo si è sovrapposto a Simon Pietro, l'umile pescatore di uomini!"[117].

Congar temette di essere solo un ostaggio della curia romana e senza una autentica libertà d'azione ma con uno spazio di marcia piuttosto limitato. La commissione teologica era infatti dominata dai teologi delle università romane i quali miravano

116 *Ivi,* 69-70.
117 Bernard Dupuy, *Prefazione* in Y. M. Congar, *Diario del Concilio 1960-1963,*12.

essenzialmente a difendere le dottrine degli ultimi papi più che a farsi promotori di un serio rinnovamento teologico e pastorale.

> È Roma che fa le nomine, e si salva la coscienza e la reputazione ampliando il ventaglio dei nomi, ma solo perché ha già preso le sue precauzioni, e le ha prese in modo efficace, per evitare ogni pericolo. Lubac e io siamo stati nominati PER ESSERE MESSI IN MOSTRA. Nella Chiesa c'è sempre una vetrina-attraente-e una bottega. La vetrina mostra Lubac, ma in bottega lavora Gagnebet.
> Mi sento proprio avvilito.[118]

In questo ambiente il Nostro potè contare su poche persone veramente aperte. Congar, comunque sia, decise di impegnarsi nel lavoro della commissione con lealtà e nella speranza di poter essere utile. L'atteggiamento di Congar a ben guardare, fin dalle prime fasi del Concilio, fu sempre di disponibilità, nel rispetto più assoluto dei padri conciliari e del loro compito precipuo all'interno dell'assise.

> Dopo tutto, non ho nulla da perdere, e devo fare il mio dovere. Bisogna saper dire ciò che si sa o si crede vero. Sarò dunque franco e cercherò di essere evangelico.
> La grazia del Signore farà il resto.
> Voglio offrirmi lealmente per servire al meglio nel contesto del Concilio indetto da Giovanni XXIII sotto l'impulso dello Spirito Santo. Senza lusinghe né compromessi voglio entrare lealmente e umilmente in questo grande avvenimento. Prego tutti i giorni perché possa offrirmi così, perché Dio non lasci prevalere gli uomini della menzogna e della volontà di potere, perché custodisca e sostenga il nostro papa Giovanni.[119]

Da qui a poco Mons. Weber, anziano vescovo di Strasburgo, lo scelse come suo perito e lo consultò sugli schemi preparatori che aveva ricevuto. Il giovane coadiutore del vescovo Weber, mons. Elchinger, attento al rinnovamento teologico e pastorale e incaricato nel tenere i rapporti tra i vescovi francesi e tedeschi, trascinò il teologo Congar ai vari incontri di "strategia conciliare" con vescovi e teologi dell'Europa nord occidentale. L'episcopato francese fu invece restio a utilizzare le sue competenze teologiche, forse a causa dei sospetti romani e del suo precario stato di salute, e si mostrò teologicamente poco preparato e

---

118 Y. M. Congar, *Diario del Concilio 1960-1965,* 75.
119 *Ivi* 77.

combattivo nel difendere il rinnovamento teologico in atto. C'è da dire che l'influenza di Congar dove non arrivò nei gruppi di lavoro del pre-concilio si fece sentire, però, nelle numerose conferenze tenute a vari gruppi di vescovi sull'ecclesiologia e l'ecumenismo e attraverso numerose pubblicazioni. Solo il 28 settembre del 1962 il suo nome figurò nel primo gruppo di esperti del concilio a livello ufficiale e da questo momento potè assistere finalmente a tutte le Congregazioni generali nella Basilica di S. Pietro e partecipare ai lavori delle varie commissioni. All'inizio, infatti, benché assegnato alla sottocommissione *De Ecclesia* in qualità di semplice consultore non fu sempre invitato a tutte le riunioni della commissione e, in quelle che lo videro presente, raramente gli fu data la parola. Dalla suddetta data iniziò per lui quella collaborazione intensa con i pastori che tanto caratterizzò il Vaticano II. Mentre, infatti, grandi teologi del calibro di Newman, Scheeben non erano stati invitati al Concilio Vaticano I, i Padri del Vaticano II ricorsero ampiamente all'opera dei teologi. Si può vedere come all'inizio il nostro autore considerasse il Concilio in modo abbastanza amaro, forse segnato anche dai problemi avuti dal Sant'Uffizio negli anni precedenti che generarono in lui una sorta di diffidenza e pessimismo verso la curia Romana. Ma le cose furono destinate ben presto a cambiare e Congar gradualmente, specie grazie a degli avvenimenti, fu "costretto" a rivedere il suo giudizio sul Concilio. Il primo avvenimento in grado di determinare nel Nostro un cambiamento positivo nel valutare il Concilio fu l'invito da parte di Giovanni XXIII a 39 rappresentanti delle Chiese e comunità cristiane non cattoliche di partecipare in qualità di osservatori alle sedute conciliari, fatto definito da Congar come uno degli eventi più importanti e significativi dell'intero concilio. Questo era un evento straordinario che inaugurava l'età del dialogo con gli "altri" e che permetteva allo stesso Concilio di andare oltre un semplice miglioramento del "sistema". Un altro avvenimento importante fu la richiesta dei cardinali Liènart e Frings di rinviare l'elezione delle commissioni conciliari per poter essere meglio preparate. Ciò costituirà per Congar il primo atto conciliare nel senso che sarà il primo atto di un'assemblea chiamata a decidere e deliberare liberamente. Questi eventi uniti ad altri, come la costituzione del Segretariato per l'unità dei cristiani, contribuirono a cambiare il punto di vista del nostro autore. Nel Segretariato ritroverà molti amici con i quali aveva lavorato nel campo dell'ecumenismo e con i quali aveva intrattenuto rapporti fondamentali. Lo stesso Congar che, di fronte ai suoi confratelli entusiasti per l'indizione di un concilio, osava affermare che se esso era stato indetto per incoscienza ci si sarebbe trovati di fronte ad una catastrofe ma se, invece, era stato suggerito dallo Spirito tutto poteva divenire possibile, ora, a distanza di un anno dall'apertura del concilio poteva affermare, riferendosi a un possibile intervento dello Spirito Santo all'interno dell'assise conciliare: "Ora non lo credo più, lo so"[120]. Congar, a distanza di un anno, traccerà un primo bilancio: "Anche se il Concilio non dovesse approvare alcun testo preciso, un risultato di enorme importanza è già stato ottenuto. Nella Chiesa si è verificato qualcosa di irreversibile. L'episcopato si è ritrovato, si è incontrato. Ha preso coscienza di sé stesso. Le formule si troveranno poi. Verranno da sole, basterà lasciarle venire"[121]. Nel suo ruolo Congar sperimenterà il "fatto conciliare", ovvero la conciliarità come proprietà essenziale per il buon funzionamento della Chiesa. Da questo punto di vista il Concilio rappresentò un'assemblea che aveva dell'imprevedibile e dell'incredibile. assemblea che, però, aveva bisogno di maturare lentamente ed esigeva da parte di tutti l'esercizio della pazienza al fine di crescere e portare frutto. Lo stesso Congar dovrà imparare, non senza fatica, questa difficile arte.

Fra la prima e la seconda sessione del Concilio morirà Giovanni XXIII. Ecco come il Nostro commentò questo evento di enorme importanza:

La Chiesa, ma anche il mondo, ha fatto un'esperienza straordinaria. Ci si è improvvisamente resi conto dell'enorme importanza avuta da quest'uomo umile e buono. Ci si è accorti che aveva trasformato la visione religiosa e anche umana del mondo: restando semplicemente quello che era. Non ha agito attraverso grandi progetti intellettuali, ma con gesti e stile personali. Non ha parlato in nome del sistema, della sua legittimità, della sua autorità, ma semplicemente a nome delle intuizioni e dei moti di un cuore che da una parte obbediva a Dio, dall'altra amava gli uomini, o, meglio, faceva contemporaneamente le due cose. Ancora una volta si è manifestata

120 J. P. Jossua, *Yves Congar, profilo di una teologia,* 217-218.
121 *Ivi,* 228-229.

la legge divina: solo Dio è grande, e la vera grandezza sta nell'essere docili al suo servizio e al suo progetto d'amore. Egli esalta gli umili. Beati i miti, perché erediteranno la terra. Beati gli operatori di pace, perché saranno chiamati figli di Dio. Tutto il mondo ha avuto la sensazione di perdere in Giovanni XXIII un amico personale, qualcuno che pensava a lui e che lo amava"[122].

Qual era il rapporto di Congar con gli altri suoi colleghi teologi? C'è da dire che non condivise il radicalismo riformatore degli esperti tedeschi, pur apprezzando le competenze di Karl Rahner e la collaborazione di Ratzinger. Si mostrò, invece, più malleabile e disponibile nel raggiungere compromessi. L'opera di Congar si può annoverare, in fondo, sulla scia di Paolo VI che intendeva ottenere un ampio consenso tra i Padri anche a costo di operare compromessi tra una maggioranza e una minoranza conciliare. Al contrario di H. Kung che non partecipò volutamente a nessuna commissione per essere libero di esercitare la sua critica, Congar si impegnò nel faticoso e certosino lavoro di correzione degli schemi nella certezza che a trionfare non dovessero essere le proprie idee e prendendo le distanze da certi teologi troppo intransigenti. Da questo punto di vista il Nostro ebbe una buona intesa con i teologi, più pragmatici e realisti, del Belgio fra cui annoveriamo G. Philips, C. Moeller e G. Thils. Da qui la scelta di trasferirsi dall'Angelicum, l'università domenicana che lo aveva ospitato fino ad allora in cui aveva avvertito una certa solitudine e si era sentito quasi messo da parte e trascinato fuori dalle dinamiche conciliari, al Collegio belga che stava divenendo uno dei centri strategici del Concilio. Con gli esperti belgi preparò numerosi incontri della Commissione dottrinale e delle altre sottocommissioni. In queste riunioni i suoi interventi furono rari e discreti a motivo del suo carattere riservato e delle poche sollecitazioni dei vescovi francesi presenti. Il giudizio dato dal Nostro al lavoro di queste commissioni fu molto positivo e, secondo lui, da assumere in futuro come modello di lavoro in quanto

---

122 Y. M. Congar, *Diario del Concilio 1960-1963,* 361.

si è constatato un confronto teologico importante fra i diversi orientamenti del Concilio.

Ma quale fu, in sostanza, nell'elaborazione dei documenti conciliari il contributo specifico di Congar? Ce lo dice lui stesso in una pagina del suo *diario*. È una pagina importante che citerò per esteso in quanto, oltre a costituire un documento di grande valore per chiunque voglia studiare l'influsso e la recezione della teologia congariana nei documenti del Concilio è fondamentale per comprendere la statura teologica del nostro teologo.

Al Concilio sono stato coinvolto in molti lavori, ben oltre un influsso generico di presenza e di parola. Vengono da me:
Lumen gentium, la prima stesura di molti numeri del cap. I e i nn. 9, 13, 16, 17 del cap. II, più altri passi particolari.
De Revelatione: ho lavorato nel cap. II e il n. 21 deriva da una mia prima stesura.
De oecumenismo: vi ho lavorato; il *proemium* e la conclusione sono quasi interamente miei.
Dichiarazione sulle religioni non cristiane: vi ho lavorato; l'introduzione e la conclusione sono pressappoco mie.
Schema XIII; vi ho lavorato: capp. I, IV.
De missionibus: il cap. I è mio dalla A alla Z, con qualche spunto di Ratzinger al n. 8.
De libertate religiosa: collaborazione a tutto, soprattutto nei numeri della parte teologica e nel *proemium* scritto da me.
De presbyteris: è per tre quarti una redazione Lècuyer-Onclin-Congar. Ho riscritto il *proemium,* i nn. 2-3; ho fatto la prima redazione dei nn. 4-6; ho fatto la revisione dei nn. 7-9, 12-14 e quella della conclusione di cui ho scritto il secondo capoverso.
Servi inutiles sumus[123].

Quindi P. Congar partecipò alla stesura della metà dei documenti conciliari con un'influenza crescente all'interno delle varie sessioni. Una influenza che, a ben vedere, andò ben oltre la redazione e la correzione di testi ma che accompagnò il Concilio in tutte le fasi del suo svolgimento. Nonostante la paraplegia, una malattia che lo condizionò fin da bambino e che col tempo limiterà sempre più le sue possibilità di movimento e le sue attività, Congar si dimostrò infaticabile nel prestare un servizio teologico alla Chiesa. Alcuni autori attestano come l'esperienza conciliare di Congar fosse contrassegnata da un intenso impulso

123 *Ivi* II, 426-427.

oblativo[124]. Oggi il Nostro viene giustamente considerato tra i principali protagonisti di quell'evento su cui ha lasciato un'impronta indelebile, tanto che Bruno Forte, teologo e vescovo di Chieti-Vasto, lo definì: "il maggior ecclesiologo del XX secolo, padre e ispiratore del Vaticano II"[125].

Concludiamo il presente paragrafo con una pagina del *Diario*, datata 7 dicembre 1965, in cui Congar a conclusione del Concilio tratteggia un breve bilancio della sua attività all'interno dell'assise. È una pagina molto bella perché fa emergere l'umanità e, nel contempo, la spiritualità del nostro teologo.

Esco, lentamente e con difficoltà, reggendomi a stento in piedi. Moltissimi vescovi si congratulano con me e mi ringraziano. Dicono che, in gran parte, è opera mia.
Guardando oggettivamente le cose, ho lavorato molto per preparare il Concilio, per elaborare e diffondere le idee che il Concilio ha consacrato. Anche durante il Concilio ho lavorato molto. Potrei quasi dire che *plus omnibus laboravi*, ma questo non sarebbe sicuramente vero: pensiamo a Philips, per esempio. All'inizio sono stato troppo timido. Avevo appena superato un lungo periodo di diffidenze e difficoltà. Anche la mia spiritualità ha contribuito ad una certa mia timidezza. Infatti ho sempre vissuto nel clima e nello spirito di Giovanni Battista, *amicus Sponsi*. Ho sempre ritenuto che non occorresse impadronirsi di alcunché, ma contentarsi di ciò che ci è dato. È questo, per ognuno, il *loghikè latreia*, il proprio sacrificio spirituale, la via della propria santificazione. Ho dunque preso ciò che mi era dato, mi sono sforzato di fare bene (?) quello che mi veniva chiesto. Ho preso poche iniziative, troppo poche, credo. Dio mi ha colmato. Mi ha dato a profusione, infinitamente al di là di meriti rigorosamente inesistenti[126].

1.2 Congar e la "sua" visione del Concilio

Congar ha paragonato il Vaticano II a quella disciplina che in Francia veniva denominata "revisione di vita". La revisione di vita era quell'atteggiamento che portava a modellare di continuo la vita secondo lo spirito del vangelo senza ritenere come esistente un unico modello cristiano ma in un'apertura agli altri che ci aiutano ad essere più cristiani. Il vaticano II doveva essere la revisione di vita della Chiesa, capace di farle riprendere la sua originaria missione e il suo impegno nel mondo.

Per il nostro teologo, da subito, le finalità del Concilio non poterono che essere apostoliche e pastorali. I punti dottrinali da sviscerare ed elaborare in modo nuovo

---

[124] A. Melloni, *Yves Congar al Vaticano II. Ipotesi e linee di ricerca,* in *Rivista di storia della Chiesa in Italia,* 50, 1996, 527.

[125] B. Forte, *Congar libero e fedele,* in *Avvenire,* 23 giugno 1995, 19.

[126] Y. M. Congar, *Diario del Concilio 1960-1963,* II, 426.

dovevano riguardare, in primo luogo, il rapporto evangelico e pastorale con gli "altri" e il mondo, in cui la Chiesa è chiamata primariamente ad un dialogo con il "diverso" da sé in un rapporto di reciproco arricchimento. Quindi il Concilio avrebbe dovuto essere pastorale e dottrinale al contempo dove l'aspetto pastorale non si oppone alla dottrina e non è di certo meno dottrinale ma lo è in modo nuovo capace di saper esprimere la verità salvifica agli uomini d'oggi, rispondendo alle loro domande e facendosi carico delle loro difficoltà in quanto la Chiesa ha la missione primaria di annunciare il Vangelo e di servire il mondo secondo il Vangelo. E tutto questo senza limitarsi unicamente a concettualizzare, definire, dedurre e anatemizzare ma lasciandosi interrogare e purificare dal mondo e accogliendo nuovi valori. Su questa concezione del Concilio Congar si scontrerà, ben presto, con il cardinal Ottaviani e padre Tromp per i quali il Concilio sarà soprattutto un'occasione per condannare quanti ritenevano pericolosi per la teologia e la pastorale veniva considerata unicamente una questione "pratica" da riservare ad altri organismi e non attinente alle istanze di un Concilio.

Non si trattava, per il Nostro, di migliorare o ammorbidire il "sistema" Chiesa, cioè l'organizzazione istituzionale, ma di iniziare un vero rinnovamento, una vera riforma ecclesiale capace di far dialogare la Chiesa con il mondo moderno. Tutto ciò si poteva attuare, però, solamente attraverso un profondo ritorno alle fonti biblico-patristiche e, più in generale, a quella Tradizione in senso lato o con la T maiscola delineata nel secondo capitolo.

Nel cammino teologico del Concilio era importante, per il nostro teologo, avere la Parola di Dio come principale punto di riferimento e, in questo senso, si può annoverare la costatazione amara di Congar nel prendere atto come la Parola di Dio nel pre- concilio non fosse valorizzata a sufficienza. Basti considerare il fatto che nei testi della commissione teologica preparatoria la fonte non era mai considerata la Parola di Dio ma la Chiesa e, spesso, una Chiesa ridotta al papa. Da qui l'importanza attribuita dal Nostro al *De Revelatione,* a suo dire, un testo che avrebbe dovuto costituire la base di ogni vero rinnovamento teologico e pastorale.

Il ritorno alle fonti scritturistiche andava di pari passo, nella sua visione, con il recupero della categoria di storia della salvezza. La sua era, cioè, una Parola di Dio presentata attraverso la storia della salvezza. Ciò richiedeva, a sua volta, un approfondimento della teologia trinitaria: il movimento del Figlio e dello Spirito nel mondo che attinge la sua forza e il suo dinamismo nella vita trinitaria *ad intra.* In fondo la Chiesa, nella sua essenza più profonda, non è altro che *Ecclesia de Trinitate*, popolo di Dio, corpo di Cristo e tempio dello Spirito. Questa concezione fu alla base di una nuova visione ecclesiologica che, nel Concilio, portò progressivamente ad abbracciare una visione di Chiesa più sacramentale e ministeriale e meno sbilanciata sul piano giuridico e ontologico. A questo riguardo Congar sottolineò come la costituzione *Lumen gentium,* specie nel capitolo sul Popolo di Dio, sarebbe stata decisiva per il rinnovamento ecclesiologico.

Il rinnovamento dell'ecclesiologia auspicato da Congar nel Concilio si concretizzò progressivamente e in modo parziale. Ciò perché i dibattiti conciliari furono contrassegnati da uno scontro tra una maggioranza e una minoranza conciliare. Congar tuttavia di questi scontri non ne ebbe mai una visione manichea ma, anzi, ritenne che le obiezioni degli uomini della minoranza, appartenenti per di più alla Curia romana e al Sant'Uffizio, avessero costretto la maggioranza a esprimere con più precisione il proprio pensiero. Auspicò anche che fossero spiegate con chiarezza ai Padri della minoranza le scelte proposte negli schemi conciliari e fu del parere che si dovesse cercare sempre l'unanimità nell'assise senza porsi come obiettivo la vittoria di una scuola teologica su un'altra. La dinamica conciliare, d'altro canto, aveva reso relativa la visione statica di una maggioranza contrapposta ad una minoranza.

Congar, a differenza di altri teologi come, per esempio, Kung, aveva un senso vivo dei necessari tempi d'attesa per l'attuazione del Concilio. Già, nel corso della prima sessione, riteneva che si avrebbe avuto bisogno minimo di due o tre anni prima di una maturazione pastorale e teologica dell'assemblea. Il Nostro non pensò mai che il Concilio decidesse in pienezza il rinnovamento teologico in corso ma sapeva bene che le decisioni di un Concilio prima di trovare attuazione nella compagine ecclesiale necessitano di tempo e di sedimentazione. Sarà l'epoca postconciliare il tempo della realizzazione delle decisioni conciliari.

Concludo con uno scritto di Congar che ritengo importante in quanto, in poche battute, esprime la sua visione del Concilio, frutto di impegno e lavoro ma che, tuttavia, non va assolutizzato. È stato un momento importante nella vita della Chiesa ma è "solo" un risultato. Quello che conta è l'impegno quotidiano, il lavoro assiduo e serio, senza il quale il Concilio non ci sarebbe stato.

> Sono qui perché è mio dovere, ma ritengo che il mio dovere abituale sia non solo più interessante, ma anche più importante. Il Concilio è solo un risultato nella vita della Chiesa. C'è stato un progresso là dove si è lavorato. I punti in cui non si progredisce, o si progredisce troppo poco, sono quelli sui quali è mancato il lavoro. Conclusione: è il lavoro a essere decisivo. Si sarebbe ancora al *Syllabus* se non si fosse lavorato![127]

[127] Lettera del 12 novembre 1962 (archivio Congar).

Parte seconda

La recezione della teologia della Tradizione di Congar nella Dei Verbum

2.1 La Dei Verbum: un testo al cuore del Concilio

La costituzione dogmatica sulla divina rivelazione *Dei Verbum* è uno dei documenti più belli e importanti fra quelli pubblicati dal Concilio Vaticano II[128]. Si può affermare che, ai fini di una corretta comprensione del Concilio Vaticano II, è assolutamente necessario conoscere questo documento il quale è stato definito come una "porta" attraverso cui introdurre una nuova prassi nel formulare la dottrina cattolica[129]. È un testo importante per molti motivi inerenti la storia del documento e il suo contenuto[130]. Per quanto concerne la storia della *Dei Verbum* va considerato che nacque dopo un iter molto complesso e travagliato che attraversò tutto il Concilio. Ciò significa che ripercorrere la redazione della *Dei Verbum* significa, in fondo, ricostruire l'intera dinamicità del Vaticano II. Basti pensare che la discussione ufficiale intorno al testo iniziò il 14 novembre 1962 e si protrasse fino alla sua promulgazione avvenuta il 18 novembre 1965. Si può affermare che, in fondo, la *Dei Verbum* ha accompagnato i lavori conciliari dall'inizio alla fine come un filo conduttore che ha legato e tenuto insieme i variegati fili dell'Assise tanto che qualche autore ha potuto definirla l'anima, la perla o la *magna charta* del Concilio[131]. Ma l'importanza di questo testo dipende anche dalla varietà dei temi affrontati che rende lo studio del documento particolarmente impegnativo. Esiste, però, una questione che è al fondo di ogni altra e che costituisce la base e il filo conduttore del documento: il tema della

---

[128] O. Semmelroth, M. Zerwick, *Il Vaticano II e la parola di Dio,* Brescia: Paideia, 1971, 76-77.

[129] R. Burigama, *La bibbia nel concilio. La redazione della costituzione "Dei verbum"del Vaticano II,* Bologna: il Mulino, 1998, 15.

[130] F. Testaferri, *La Parola viva, commento teologico alla Dei Verbum,* Assisi: Cittadella, 2009, 13-24.

[131] G. Pulcinelli, *L'incidenza della Dei Verbum: cenni storici, impostazione metodologica, sfide attuali,* in *Lateranum* 1, 2008, 237; R. Latourelle, *Come Dio si rivela al mondo. Lettura commentata della Costituzione del Vaticano II sulla "Parola di Dio",* Assisi: Cittadella, 2000, 5.

Rivelazione. Il testo della *Dei Verbum* utilizza, inoltre, una terminologia scelta e soppesata, sia per enunciare delle convinzioni teologiche e sia per smorzare la polemica di certi dibattiti che non avrebbero fatto bene al Concilio. Analizzando il linguaggio del documento apparirà subito la sua scorrevolezza, la totale mancanza di polemica e la sua ricchezza di riferimenti biblici. Verrà superato, in questo modo, l'orientamento formale e intellettualistico della *Dei Filius* del Vaticano I per lasciar spazio ad un orientamento cristologico, dialogico, storico-salvifico, biblico e personalistico[132] portando a un felice compimento le istanze teologiche e profetiche presenti nel preconcilio e portate avanti da uomini del calibro del nostro Congar, ma anche di Danielou, De Lubac, Holstein, Geiselmann, Rahner, Lyonnet e altri. Chiaramente in questo paragrafo prenderemo in considerazione in particolare l'evolversi della discussione inerente il II capitolo della *Dei Verbum* sulla trasmissione della divina Rivelazione, capitolo fra i più discussi e laboriosi di tutti i documenti approvati[133]. È importante ricostruire, come ci accingiamo brevemente a delineare, l'iter redazionale del documento se si vuol comprendere fino in fondo la rilevanza che questo testo ha avuto per la Chiesa cattolica[134].

I lavori preparatori del documento cominciarono con la formazione della Commissione teologica il 5 giugno 1965[135]. In questa stessa data il papa nominò dieci commissioni preparatorie incaricate ciascuna di trattare alcuni temi particolari indicati nelle *quaestiones* che scaturivano dai *vota* derivanti dalla consultazione mondiale avvenuta nella fase antepreparatoria. Ma prima ancora che le *quaestiones* vennero messe a disposizione delle commissioni il Card. Ottaviani, insieme a qualche suo teologo di fiducia, elaborò alcune tracce degli

---

132 R. Latourelle, v. *Dei Verbum*, in *Dizionario di teologia fondamentale*, 284-291. Vedere anche F. Testaferri, *Il tuo volto Signore io cerco*, 185-197.

133 P. L. Ferrari, *La Dei Verbum*, Brescia: Queriniana, 2005, 63. Testo di grande importanza è anche U. Betti, *La Rivelazione divina nella Chiesa. La trasmissione della Rivelazione nel capitolo II della costituzione dogmatica Dei Verbum*, Roma: Città Nuova, 1970.

134 R. Burigama, *La bibbia nel concilio*, 14.

135 Per questa parte si fa riferimento al testo di F. Testaferri, *La Parola viva*, 25-45. Si può vedere anche R. Fisichella, v. *Dei Verbum*, in *Dizionario di Teologia Fondamentale*, 279-284.

schemi conciliari al fine di ridurre i tempi di approvazione e di presentare le proprie tesi in anticipo rispetto ad altre visioni teologiche. Venne, fra gli altri, preparato lo schema, redatto dal prof. P. Sebastian Tromp, *De deposito fidei pure custodiendo*. Questo testo risentiva del metodo manualistico e apologetico, incentrato su una visione intellettualistica, astratta, deduttiva e tesa a correggere gli errori del mondo contemporaneo. Intanto il Segretariato per l'unità dei cristiani, sotto la guida del card. Agostino Bea, aveva prodotto un suo "schema" alternativo a Ottaviani e riguardante il tema della sacra Scrittura. Tromp, insieme a Mons. Garofalo, preparò un altro schema che prese il nome di *Schema compendiosum de fontibus revelationis*. Lo schema si articolava in tredici punti e di questi solo il n. 2 e il n. 11 accennavano al problema delle due fonti della rivelazione, mentre gli altri punti riguardavano la Scrittura. Da questo schema fu elaborato il testo denominato *De fontibus revelationis*, approvato nel mese di settembre del 1961 e una volta ricevuta l'approvazione papale nel luglio del 1962 divenne il testo ufficiale da distribuire in vista dei lavori conciliari. Ricordiamo che il *De fontibus* era espressione della linea teologica del S. Uffizio e, perciò, sosteneva con forza la teoria delle due fonti, la teoria dell'insufficienza materiale della Scrittura e la preminenza del magistero nell'interpretare le verità rivelate. Dopo la sua approvazione il testo fu spedito ai Padri per permettere uno studio del testo durante l'estate e prima dell'inizio dei lavori. Molti padri una volta letto il testo non ne condivisero la linea teologica e sentirono l'urgenza di avvallarsi di esperti al fine di ricevere, dagli addetti ai lavori, pareri e giudizi qualificati. Questi pareri e riflessioni critiche alimentarono la delusione e lo scontento in molti padri e diedero l'avvio, una volta giunti a Roma, ad una serie di schemi alternativi al *De fontibus.* Fra questi schemi vanno annoverati il *votum* del segretariato per l'unità dei cristiani, lo schema Rahner-Ratzinger, denominato *De revelatione Dei et hominis in Jesu Christo facta* e il testo *De Traditione et Scriptura* elaborato da Congar, senza peraltro dimenticare le *animadversiones* di Schillebeeckx e le proposte di Dupont e Rigaux[136]. Ci soffermeremo, per ovvie ragioni, sul testo redatto da Congar. Questo aveva lo stesso schema del testo ufficiale ma non, chiaramente, il contenuto. Lo schema affermava che la Rivelazione ha la sua massima espressione nella Scrittura che costituisce la suprema regola di fede in quanto ispirata da Dio; la pienezza del Vangelo, però, ci è data dalla Scrittura e dalla Tradizione insieme; la Tradizione è una realtà viva che non può essere separata dalla Chiesa che la custodisce, la trasmette e in cui cresce e si sviluppa grazie a tutto il Popolo di Dio, anche se in modo più eminente il compito di custodire il *depositum fidei* spetta al magistero che ha il compito di vegliare sulla sua veracità. In sostanza Chiesa-Tradizione e Scrittura si richiamano a vicenda in quanto la Scrittura è una parte della Tradizione codificata in un testo riconosciuto come ispirato dalla Chiesa, è norma della Tradizione ma è quest'ultima che costituisce l'intelligenza autentica della Scrittura trasmessa da Cristo agli apostoli e ampliata nell'esperienza ecclesiale.

Si giunse al giorno della discussione in aula sul *De fontibus* e Ottaviani, informato sul malcontento che aleggiava nell'aria, cercò di presentare il testo in modo da prevenire e smorzare le critiche ma non riuscì nel suo intento in quanto il testo venne criticato in più punti. Gli interventi dei "contestatori" cominciarono con l'attaccare il titolo dello schema, il concetto di duplice fonte in quanto affermavano che la fonte della rivelazione è unica e che due sono soli le modalità di trasmissione e di conoscenza della stessa, non si accettava nemmeno il modo in cui si parlava della relazione tra Scrittura e Tradizione e, di conseguenza, si rifiutava il principio dell'insufficienza materiale della Scrittura. Parecchi interventi criticarono il fatto che lo schema non faceva altro che canonizzare la visione teologica occidentale a scapito della teologia orientale e, se approvato, sarebbe stato colpevole di un arresto del dialogo ecumenico. Non mancò anche chi mise il luce il valore troppo statico della Tradizione presentata nello schema e

---

136 U. Betti, *La rivelazione divina nella Chiesa,* 31-36.

chi segnalò come il magistero dovesse essere rappresentato come sottoposto al *depositum fidei.* Molti Padri rilevarono che, addirittura, dal punto di vista teologico il *De fontibus* era inferiore rispetto al testo promulgato al Concilio di Trento. Nota a questo riguardo Congar:

è proprio in nome dell'ottimo testo del Concilio di Trento che molti hanno criticato lo schema, lamentando che nella sua formulazione non si sia posta come fonte assolutamente primaria, così come era stato fatto a Trento, il Vangelo promesso ai profeti, completato nella sua perfezione dal Cristo, il Figlio di Dio, e da lui affidato agli Apostoli perché lo divulgassero[137].

Non mancarono neanche interventi a favore dello Schema che si richiamavano al principio di autorità della commissione dottrinale e alla purezza e verità della dottrina da trasmettere integralmente senza "annacquare" il Vangelo e seguire le "mode" del momento. Visto le controversie in atto si decise, il 20 novembre del 1962, di compiere una votazione al fine di valutare se i Padri desideravano sospendere i lavori o meno. questa riportò il seguente esito: su 2209 votanti ci furono 1368 placet che, in questo caso, corrispondevano al rifiuto dello schema; 822 non placet e 19 voti nulli. Il regolamento conciliare prevedeva che per respingere uno schema vi fosse una maggioranza di 2/3 che non venne raggiunta per cui il testo non fu sospeso. A questo punto, visto l'impasse in cui si stava navigando, intervenne direttamente il papa che, in deroga alle leggi del regolamento, chiese che lo schema sulle fonti fosse rivisto e, per questo, il 25 novembre del 1962 creò una commissione mista formata da componenti della Commissione teologica e del Segretariato per l'unità con a capo Ottaviani e Bea. Ma anche il testo della commissione mista denominato *De revelatione* si rivelò un documento senza radici e frutto di un compromesso poco convincente, tanto è che il tema della rivelazione venne omesso dall'agenda conciliare della seconda sessione perché ritenuto non pienamente maturo. Questo schema ricevette molte osservazioni e proposte di modifica da parte dei Padri che, in comune, avevano tutte l'intenzione di integrare una concezione statica e materiale della Tradizione

137 Y. M. Congar, *Diario del Concilio,* 74.

con una visione più dinamica e formale in grado di superare il problema quantitativo della contesa Scrittura-tradizione. Fra le varie proposte ricordiamo che c'era chi auspicava che si prendesse in considerazione la tradizione attiva insieme a quella passiva; chi voleva che si parlasse e si distinguesse fra tradizione divina ed ecclesiastica e tra attributi "esplicativa" ed "additiva", come vi fu anche chi voleva che si parlasse di tradizione in riferimento alla realtà e alla prassi ecclesiale o chi la volesse far coincidere con la vita stessa della Chiesa. Fra le tante proposte occupa un posto speciale il testo redatto da Mons. Florit in quanto già vi sono presenti i "germi" dell'interpretazione che venne ufficialmente accolta dal Vaticano II. Si può dividere il testo in due affermazioni. La prima è la seguente:

La Sacra Tradizione deve essere presentata non come uno scrigno segreto che custodisce quelle verità espresse a parole che fin dal principio vi sono poste ma come germe vivo che allora nel seno della Chiesa è stato immesso.

Vi è, in questo bel testo, un felice passaggio da un idea di Tradizione percepita essenzialmente come scrigno segreto, cioè come sapere verbale e contenutistico di natura per lo più esoterica che andava conservato per come si presentava, ad un idea di Tradizione nuova raccolta attorno all'immagine di germe vivo, cioè ad una realtà non più ferma da contemplare ma efficace ed operativa in grado di produrre, aumentare, maturare e incrementare proprio perché viva come un seme che nascosto e racchiuso dentro la terra-Chiesa è sempre in movimento e produce continuamente i suoi frutti. Il binomio scrigno-germe rimanda ad un altro e molto simile binomio elaborato da papa Giovanni XXIII, il binomio museo-giardino[138], coniato proprio per evidenziare il diverso atteggiamento della Chiesa rispetto al mondo chiamata non più a conservare le ricchezze museali, belle ma prive di vita, di un tempo ormai passato ma a rinnovarsi per generare nuova vita come un giardino che non smette mai di fiorire e produrre i suoi frutti. Il secondo binomio

---

138 G. Alberigo, *Formazione, contenuto e fortuna dell'allocuzione* in Istituto per le scienze religiose di bologna, *Fede, tradizione, profezia,* Brescia: Paideia, 1984, 185-222.

presente in questo testo di Florit è il passaggio dall'età apostolica al presente della Chiesa, ossia da un passato spesso immobile ad un presente capace di mobilitarsi e di incrementare. Nella seconda affermazione, Florit, arriverà a dire:

> La Tradizione deve essere presentata affinchè non appaia solo come locuzione divina ma anche come inscritta nella vita di tutta la Chiesa e con essa in qualche modo identificata e ciò perché appaia la sua indole e natura dinamica e vitale.

È interessante in questo capoverso come Florit non intenda la Tradizione come *Locutio Dei,* riservata per lo più alla Parola di Dio, che è essenzialmente una parte della Rivelazione ma come *Verbum Dei*, cioè come il dinamismo intimo e intrinseco della Rivelazione. In altri termini la Tradizione è la trasmissione di tutt'intera la Rivelazione che comprende, al proprio interno, come membro eminente, la Parola di Dio scritta sotto l'ispirazione dello Spirito Santo. Il Concilio approvando solennemente la costituzione ha ratificato l'espressione secondo cui la Tradizione trasmette il *Verbum Dei.* Florit a proposito del rapporto Scrittura e Tradizione pensò bene, visto che non sono due grandezze appartenenti allo stesso ordine, di suggerire delle formule che evitassero di metterle in concorrenza l'una con l'altra.

Fu papa Paolo VI a riaprire ufficialmente il Concilio al tema della Rivelazione annunciando pubblicamente nel discorso di chiusura del secondo periodo conciliare di voler riprendere il suddetto tema, affidando alla Commissione dottrinale il compito di riprendere a lavorare sul testo. Per ottimizzare e velocizzare i lavori, visto che il testo doveva essere pronto per il mese di marzo 1964, fu creato, all'interno della suddetta commissione, una sottocommissione *De revelatione* divisa, a sua volta, in due gruppi. Il gruppo guidato da Florit doveva rivedere il proemio e il primo capitolo sulla Rivelazione e la sua trasmissione. Di questo primo gruppo facevano parte quattro Padri: Florit, per l'appunto, in qualità di presidente, Pelletier, Heuschen, Butler e 9 periti: P. Umberto Betti come segretario, Congar, Moeller, Prignon, Rahner, Ramirez, Smulders, Colombo e

Schauf. All'altro gruppo guidato da Charue spettava di rivedere i restanti capitoli. Sotto il gruppo di Florit il proemio divenne talmente ricco da diventare un capitolo a parte intitolato *De ipsa revelatione.* In questo modo il rapporto tradizione-Scrittura veniva collocato nella ben più ampia questione della Rivelazione. Per quanto riguarda il secondo capitolo il testo suscitava molto disaccordo tra i Padri anche a motivo del fatto che erano pervenute diverse proposte di testi tra le quali ricordiamo quella di Congar, di Betti, di Rahner e una elaborata da Heuschen. Il testo preparato da Congar era un dattiloscritto di quattro pagine articolato in quattro parti: *Traditio Populi Dei, Momentum Scripturam in Traditione Populi Dei, Traditio in Ecclesiae post conditas Scripturas, Subiectum Traditionis: Ecclesia et Magisterium.* Questo lavoro si presentava leggermente diverso rispetto al testo che aveva preparato due anni prima come schema alternativo al *De fontibus.* I risultati del suo lavoro e anche degli altri testi furono presentati a i membri del gruppo il 20 aprile 1964 con due relazioni sul rapporto Scrittura-Tradizione e due relazioni, di Congar e Rahner, sul concetto di Tradizione in generale. Congar fu incaricato di stendere una relazione di sintesi del lavoro svolto. Florit chiese a Rahner di esaminare questi quattro schemi e dare un parere sulla validità degli stessi. Rahner scartò il suo testo perché lo giudicò un lavoro troppo personale e quello di Congar perché troppo prolisso. Florit scelse tra i due testi rimasti quello di Betti che divenne la base di lavoro per la discussione nella convinzione, però, dell'importanza di tener conto anche degli altri schemi, chiamati a integrarsi e a perfezionarsi a vicenda. In aprile le due sottocommissioni terminarono i lavori e il loro testo, dopo le relative approvazioni, fu inviato ai Padri conciliari. Dal 30 settembre 1964 il testo emendato *De revelatione* fu presentato in aula e discusso. In questa circostanza si presero in considerazione le proposte emerse in aula e scritte dai Padri in un clima, tutto sommato, tranquillo. In questo contesto Congar, relativamente al n. 8 del testo inerente il problema Tradizione, pose la questione di come bisognava intendere il suddetto termine poiché il decreto del Concilio di Trento utilizzando l'espressione tradizioni includeva usi di origine apostolica che non fanno parte della Rivelazione. Il relatore del testo riteneva che, siccome il Concilio Vaticano I nella costituzione dogmatica *Dei Filius* usava l'espressione Rivelazione soprannaturale sia per la Scrittura e sia per le tradizioni non scritte, il problema non sussisteva più. Si decise che con il termine Tradizione si doveva intendere solo fede e costumi di origine divino-apostolica inerente, quindi, al *Depositum Fidei.* Il Betti riconobbe di essersi ispirato, nell'elaborare il suo testo, alle posizioni di Congar. Il 3 giugno del 1964 il testo approdò alla commissione dottrinale e, in questo contesto, di nuovo vi fu la divisione sull'annoso problema dell'insufficienza materiale della Scrittura. Vi era uno schieramento più "conservatore" che riteneva il testo carente in quanto non veniva esplicitata l'affermazione di un maggior contenuto della Tradizione rispetto alla Scrittura e un altro gruppo che, invece, riteneva che la questione dovesse rimanere aperta per non intaccare l'accordo raggiunto nella commissione mista. Comunque sia alla fine il testo raggiunse il benestare della commissione dottrinale e fu inviato ai Padri il 20 novembre 1964. Si decise, per il poco tempo a disposizione e anche a motivo della convinzione che il testo oramai sarebbe stato votato a larga maggioranza senza difficoltà, di rinviare la discussione al quarto e ultimo periodo del Concilio. Ma altre difficoltà, proprio nell'ultimo periodo, si fecero sentire soprattutto attraverso un ultimo colpo di coda della minoranza conservatrice che cercava di opporsi a questo nuovo testo riproponendo i loro vecchi cavalli di battaglia e Florit dovette mediare al fine di mantenere vive le istanze della maggioranza senza, però, scontentare la minoranza conciliare e cercando, perciò, di tener presenti le problematiche ravvisate da loro. Riportiamo una parte della sintesi che Caprile redige, nelle sue cronache del Concilio, della relazione di maggioranza di Florit che presentava i motivi di quelli che non volevano definire la questione della maggiore o minore ampiezza della Tradizione rispetto alla Scrittura:

Tutto ciò che la Chiesa è e possiede, è raggiunto e permeato dalla Tradizione viva, a cominciare dalla Sacra Scrittura, alla cui integra esistenza e natura di libro sacro ed ispirato la stessa Tradizione rende irrefragabile testimonio: donde segue che, almeno in questo, la Tradizione, quanto al suo contenuto oggettivo, va oltre la stessa Scrittura. Non è sembrato opportuno aggiungere altro, in questa questione dell'ampiezza della Tradizione rispetto alla Scrittura: non mancano Padri conciliari, i quali vorrebbero affermato che anche altre verità rivelate sono trasmesse unicamente per Tradizione: i loro argomenti non sono apparsi decisivi; tanto più che per nessun'altra verità il magistero ecclesiastico ha dichiarato che essa è contenuta unicamente nella Tradizione, senza alcun fondamento nella Scrittura. È lasciato, quindi, alla libera discussione, e lo schema ha voluto rispettare tale libertà[139].

Nei giorni 20 e 22 settembre del 1965 il testo fu sottoposto a tre votazioni con la possibilità di proporre ulteriori modifiche. Per quanto riguarda il problema dell'estensione materiale della Tradizione i più ritenevano non importante cambiare un testo frutto di un lungo e faticoso accordo e lo stesso Congar era dello stesso parere. Dal dibattito in aula emersero, comunque sia, molte proposte di modifica che vennero applicate al testo da una piccola commissione tecnica demandata a tale e impegnativo compito. Il *De revelatione* divenuto, a motivo del cambiamento delle prime parole del testo, *Dei Verbum* fu presentato al papa il 12 ottobre che, subito dopo, chiamò i due presidenti dei sottogruppi della sottocommissione ad un incontro con lui in cui chiese che la commissione dottrinale si riunisse ancora una volta per esaminare la questione della verità dei vangeli, l'inerranza della Scrittura e il rapporto Scrittura-tradizione. Il 19 ottobre si convocò la commissione dottrinale e Bea si espresse a favore delle modifiche proposte dal papa. Dopo una votazione di maggioranza sul testo e le ultime correzioni la *Dei Verbum* venne promulgata il 18 novembre 1965 con un consenso di 2344 voti su 2350 votanti. Per quanto riguarda nello specifico il II capitolo della *Dei Verbum* la votazione è stata la seguente: 2185 votanti, placet 2123, non placet 55, voti nulli 7.

Concludiamo il presente paragrafo con le parole del prof. R. Burigama che, credo, sanno esprimere mirabilmente il cambiamento, per quanto concerne lo stile collegiale di lavoro e contenutistico, che si è verificato grazie al decreto sulla divina rivelazione: "La redazione della *Dei Verbum* fu il risultato del lavoro di soggetti diversi: la commissione teologica (giugno 1960-marzo 1962), la

[139] G. Caprile, *Il Concilio Vaticano II,* Roma: Edizioni "la Civiltà Cattolica", 1965, 112.

commissione dottrinale (ottobre-novembre 1962), la commissione mista tra dottrinale e segretariato per l'unità dei cristiani (novembre 1962-novembre 1963), la sottocommissione *De divina revelatione* (marzo-giugno 1964) e ancora la dottrinale (giugno 1964-novembre 1964); non si può quindi parlare di una sola commissione *De divina revelatione*. Il coinvolgimento di soggetti diversi determinò mutamenti nel contenuto dello schema. Infatti, se apparentemente i temi rimasero alterati, si determinò una loro diversa formulazione in virtù del nuovo clima del Concilio e dei protagonisti chiamati a redigere i testi"[140]. E ancora: "In Concilio si abbandona l'idea di un'uniformità nelle forme di espressione della dottrina cattolica per accettare l'esistenza di una pluralità di scuole, che si richiamano al patrimonio comune della Chiesa romana; con la *Dei Verbum* si abbandona la prospettiva espressa nel *De fontibus revelationis*, che identificava la scuola romana come unica depositaria dell'ortodossia, negando legittimità ad altre interpretazioni del mistero della rivelazione"[141].

2.2 La recezione nella Dei Verbum della teologia della Tradizione di Congar

Alla luce del secondo capitolo, in cui si è cercato di esporre l'elaborazione teologica di Congar sulla Tradizione, cercheremo di comprendere quanto delle sue riflessioni è stato recepito ed accolto dal Concilio. Compiremo una *lectio* corsiva dei numeri della costituzione che ci interessano, 7-10, per cercare di cogliere i punti e i passaggi che più di altri hanno risentito di questo nuovo paradigma interpretativo nell'approcciarsi alla Tradizione.

La prima parte della costituzione dogmatica tratta il tema centrale di tutto il documento: la Rivelazione. Mentre il proemio focalizza la dimensione trinitaria della Rivelazione, il cap. I, delineando la natura e l'oggetto della Rivelazione ripercorre le varie tappe della storia della salvezza destinate a culminare e a

140 R. Burigama, *La bibbia nel concilio,* 13.
141 *Ivi,* 17.

compiersi definitivamente in Gesù Cristo, pienezza della Rivelazione[142]. Questo fatto costituisce l'annuncio di salvezza che si invera trovando realizzazione, come detto sopra, nella persona di Gesù Cristo. È questo l'oggetto della Rivelazione. Questo annuncio di salvezza deve essere trasmesso agli uomini di tutti i tempi "affinchè per l'annuncio della salvezza il mondo intero ascoltando creda, credendo speri, sperando ami"[143]. Questa trasmissione della divina Rivelazione è detta anche Tradizione in senso lato o con la T maiuscola ed è un concetto espresso in modo evidente dalle riflessioni di Congar. Una delle principali novità del Vaticano II fu proprio il favorire il passaggio da una concezione stretta di Tradizione, ravvisabile secondo modelli di natura contenutistica, verso una concezione ben più ampia, in senso lato, coestensiva alla Rivelazione. Questa distinzione fra Tradizione e tradizioni aprirà le porte ad un rinnovato dialogo ecumenico in quanto rende percepibile un rispetto e riconoscimento delle diverse tradizioni presenti nelle varie comunità cristiane. Ma incominciamo dando uno sguardo dall'inizio a DV 7. È un paragrafo importante in quanto volto a spiegare la necessità, la natura e l'oggetto della Tradizione[144].

Dio, con somma benignità, dispose che quanto egli aveva rivelato per la salvezza di tutte le genti, rimanesse per sempre integro e venisse trasmesso a tutte le generazioni. Perciò Cristo Signore, nel quale trova compimento tutta intera la rivelazione del sommo Iddio (cfr. 2Cor 1,30; 3,16-4,6), ordinò agli apostoli che l'Evangelo, prima promesso per mezzo dei profeti e da lui adempiuto e promulgato di persona, come la fonte di ogni verità salutare e di ogni regola morale lo predicassero a tutti, comunicando i doni divini. Ciò venne fedelmente eseguito, tanto dagli apostoli, i quali nella predicazione orale, con gli esempi e le istituzioni trasmisero sia ciò che avevano ricevuto dalle labbra, dalla frequentazione e dalle opere di Cristo, sia ciò che avevano imparato per suggerimento dello Spirito santo, quanto da quegli apostoli e da uomini della loro cerchia i quali, per ispirazione dello Spirito santo, misero per scritto l'annunzio della salvezza. Gli apostoli poi, affinchè l'Evangelo si conservasse sempre integro e vivo nella Chiesa, lasciarono come loro successori i vescovi, ad essi affidando il loro proprio posto di maestri. Questa sacra tradizione e la Scrittura sacra dell'uno e dell'altro testamento sono dunque come uno specchio nel quale la Chiesa pellegrina in terra contempla Dio, dal quale tutto riceve, finchè giunga a vederlo faccia a faccia, com'egli è (cfr. 1Gv 3,2)[145].

---

142 F. Testaferri, *La parola viva,* 49-83.

143 *Dei Verbum. Costituzione dogmatica sulla divina rivelazione,* Milano: Edizioni S. Paolo, 2011, 3.

144 F. Testaferri, *La parola viva,* 106-113.

145 *Dei Verbum,* 9-10.

La novità dell'incipit del presente capitolo è quella di aver legato inscindibilmente le due categorie di Rivelazione e Tradizione che, invece, nella manualistica venivano considerate come separate tra loro, come due entità consecutive. La Tradizione, invece, in questo documento viene considerata come coestensiva alla Rivelazione, come una dinamica continua in cui la Rivelazione si rende presente e operativa, capace di conservare e trasmettere al contempo il *Depositum fidei.* Un altro punto da sottolineare è che si cercò di mostrare come la Tradizione non è solo una realtà dottrinale o verbale ma qualcosa di più, come si evince dall'utilizzo di alcuni termini. Pensiamo per esempio alla categoria di "doni divini" con cui viene enucleata la trasmissione della divina rivelazione agli apostoli o dall'affiancare alla predicazione orale degli apostoli, gli esempi e le istituzioni a voler significare proprio come la Tradizione non si trasmette meramente a livello verbale o dottrinale ma nella vita intera. Ciò si evince anche quando si afferma, in riferimento all'oggetto della Tradizione, che gli apostoli trasmisero quanto avevano appreso dalla bocca di Cristo, dalle sue frequentazioni e dalle sue opere a significare di come l'oggetto vero della Tradizione è la vita. Questa parte del documento invita a ripensare anche il rapporto tra Tradizione e Scrittura su basi nuove che in seguito verranno riprese al n. 9. Alla Tradizione, cioè, viene data una priorità cronologica e sostanziale rispetto alla Scrittura a cui, anche in termini di predicazione, si riconoscerà una precedenza pratica. Mentre prima del Concilio, tanto per intenderci, si parlava sempre di Scrittura e poi di Tradizione a motivo di questo brano fu richiesta l'inversione dei fattori al fine di riconoscere senza equivoci la priorità della Tradizione sulla Scrittura. Sempre per quanto riguarda questo rapporto va notato che nella *Dei Verbum* manca ogni riferimento alla natura non scritta della Tradizione e, nel definire il concetto, utilizza sempre il singolare al contrario del decreto tridentino. Tutto questo perchè ciò che distingue la Tradizione non è la sua formulazione orale ma qualcosa di più profondo, in un rapporto, con il testo scritto, di profonda unità richiamata dall'immagine dello specchio, senza più quella differenza concorrenziale che tanto aveva contrassegnato il tridentinismo.

Il documento conciliare al n. 8 annovera, accogliendo pienamente, uno degli aspetti centrali del pensiero del nostro autore e, cioè, la visione dinamica della Tradizione. La Tradizione, a motivo della sua natura, è portatrice di una vitalità destinata a crescere e svilupparsi di continuo, proprio come un giardino che non smette mai di fiorire. Il n. 8 è un prolungamento e un completamento del n. 7 ed è dominato da due preoccupazioni di fondo: dimostrare la latitudine ecclesiale della Tradizione, cioè far vedere concretamente il modo in cui l'atto della Tradizione si compie nella vita della Chiesa, ed elencare i suoi dinamismi di crescita nel tempo[146].

Pertanto, la predicazione apostolica, che è espressa in modo speciale nei libri ispirati, doveva essere conservata con successione continua fino alla fine dei tempi. Gli apostoli perciò, trasmettendo ciò che essi stessi avevano ricevuto, ammoniscono i fedeli di attenersi alle tradizioni che avevano appreso sia a voce che per lettera (cfr. 2Ts 2,15), e di combattere per quella fede che era stata ad essi trasmessa una volta per sempre (cfr. Gd 3). Ciò che fu trasmesso dagli apostoli, poi, comprende tutto quanto contribuisce alla condotta santa del popolo di Dio e all'incremento della fede, e cosi la Chiesa, nella sua dottrina, nella sua vita e nel suo culto, perpetua e trasmette a tutte le generazioni tutto ciò che essa è, tutto ciò che essa crede.
Questa Tradizione di origine apostolica progredisce nella Chiesa con l'assistenza dello Spirito Santo: cresce infatti la comprensione, tanto delle cose quanto delle parole trasmesse, sia con la riflessione e lo studio dei credenti, i quali le meditano in cuor loro (cfr. Lc 2,19 e 51), sia con l'esperienza data da una più profonda intelligenza delle cose spirituali, sia per la predicazione di coloro i quali con la successione episcopale hanno ricevuto un carisma sicuro di verità. La Chiesa cioè, nel corso dei secoli, tende incessantemente alla pienezza della verità divina, finchè in essa vengano a compimento le parole di Dio.
Le asserzioni dei santi Padri attestano la vivificante presenza di questa Tradizione, le cui ricchezze sono trasfuse nella pratica e nella vita della Chiesa che crede e che prega. È la stessa Tradizione che fa conoscere alla Chiesa l'intero canone dei libri sacri, e in essa fa più profondamente comprendere e rende ininterrottamente operanti le stesse sacre lettere; cosi Dio, il quale ha parlato in passato, non cessa di parlare con la sposa del suo Figlio diletto, e lo Spirito santo, per mezzo del quale la viva voce dell'Evangelo risuona nella Chiesa, e per mezzo di questa nel mondo, introduce i credenti a tutta intera la verità e in essi fa risiedere la parola di Cristo in tutta la sua ricchezza (cfr. Col 3,16)[147].

La Tradizione ci trasmette tutta quanta la realtà cristiana: dottrina, vita, culto. È portatrice di un complesso di realtà che sono inscritte nell'essere della

146 F. Testaferri, *La parola viva,* 115-121.
147 *Dei Verbum,* 10-12.

Chiesa e ne costituiscono la vita. In questo versante è evidentissimo il passaggio da una visione estrinseca e quantitativa della Tradizione ad una intrinseca e qualitativa. Si è superata, in altri termini, una concezione materiale della Tradizione concepita unicamente come somma di contenuti. Essa non è qualcosa che la Chiesa ha ma qualcosa che la Chiesa è. La Tradizione concerne, prima di tutto, l'essere della Chiesa. È una dinamica vivente. E se è una dinamica ciò significa che vi è una crescita e uno sviluppo della Tradizione. Uno sviluppo che è esteriore, attraverso l'aggiornamento della fede chiamata ad un continuo confronto con un mondo in perenne evoluzione, ed interiore, attraverso la crescita della comprensione dei fedeli. Il testo, a questo riguardo, ci evidenzia tre motivi capaci di far progredire la nostra comprensione della Tradizione: la riflessione e lo studio, la vita spirituale e la predicazione degli apostoli. Questo è un elemento importante perché evidenzia come non spetta solo al magistero contribuire alla crescita della comprensione verso la verità ma tutto il popolo di Dio, benché in modi diversi, contribuisce allo sviluppo della Tradizione. Anche questa nuova prospettiva che ridimensiona il magistero e si apre all'intero popolo di Dio è debitrice dell'impostazione ecclesiologica di Congar. Dobbiamo, inoltre, tener presente che DV 8 parla di Tradizione di origine apostolica ed è questa che progredisce. Implicitamente il testo fa una distinzione tra questa Tradizione suddetta e le tradizioni ecclesiastiche che possono benissimo venir soppresse o modificate sostanzialmente senza per questo intaccare la Tradizione con la T maiuscola.

Il paragrafo n. 9 tratta dei rapporti fra Tradizione e Scrittura.

La sacra Tradizione dunque e la sacra Scrittura sono strettamente tra loro congiunte e comunicanti. Poiché ambedue scaturiscono dalla stessa divina sorgente, esse formano in certo qual modo una cosa sola e tendono allo stesso fine. Infatti la sacra Scrittura è parola di Dio in quanto scritta per ispirazione dello Spirito di Dio; la sacra Tradizione poi trasmette integralmente la Parola di Dio–affidata da Cristo Signore e dallo Spirito santo agli apostoli-ai loro successori, affinchè, illuminati dallo Spirito di verità, con la loro predicazione fedelmente la conservino, la espongano e la diffondano; accade così che la Chiesa attinge la certezza su tutte le cose rivelate non dalla sola Scrittura. Perciò l'una e l'altra devono essere accettate con pari sentimenti di pietà e riverenza[148].

Il Concilio non si è pronunciato sulla maggiore o minore ampiezza della Tradizione rispetto alla Scrittura. Non troviamo mai il termine equivoco di fonte o fonti né tantomeno l'accenno al problema della sufficienza materiale della Scrittura e ciò perché la discussione fu spinta su un altro piano decisamente più profondo. La Scrittura e la Tradizione vengono rapportati a due ordini diversi e quindi non paragonabili tra loro. Mentre, in pratica, la Scrittura coincide con il mettere per iscritto le parole di Dio, cristallizzate e sigillate dall'inspirazione, la Tradizione è la dinamica attraverso la quale tutta la Rivelazione viene trasmessa. In altri termini, utilizzando un linguaggio matematico di sicura efficacia, si può affermare che la Scrittura, essendo una parte della Rivelazione, è un sottoinsieme della Tradizione chiamata a trasmettere non solo la parola di Dio scritta ma l'intero processo rivelativo che non si esaurisce certo con la Scrittura. Le due realtà stanno in rapporto reciproco come la parte e il tutto[149]. Questa è una delle grandi novità del Concilio e anche una tesi molto cara al nostro autore che, fra l'altro, ha segnato un concreto riavvicinamento con le Chiese della riforma. Il superamento della dottrina delle fonti della rivelazione, in questo senso, ha rappresentato un passo importante in quanto sancisce l'abbandono della mentalità controversistica. Un'altra tesi cara al Nostro, ugualmente ripresa dal concilio, è il riconoscimento dello Spirito chiamato ad essere soggetto trascendente della Tradizione. È lo Spirito che guida e sviluppa il *Depositum Fidei* in conformità a Cristo. Uno Spirito la cui azione non è limitata solo al periodo apostolico o alla formazione di tradizioni non scritte. Lo Spirito è principio sia della Scrittura che della Tradizione e il documento evidenzia l'esistenza di un vicendevole rapporto tra Tradizione e Scrittura. In seguito il testo ha affermato che la fede della Chiesa non è data dalla sola Scrittura o dalla sola Tradizione ma da entrambi. Niente,

---

148 *Ivi,* 12.

149 F. Testaferri, *La parola viva,* 123-126.

dunque, sarebbe trasmesso dalla Tradizione che non si trovi anche nella Scrittura e tutta la Rivelazione è presente, in luce, nella Scrittura. Il testo potrebbe essere interpretato anche nel senso di una non opposizione per cui la Tradizione non è detto che trovi riscontro nella Scrittura. È la tesi della minoranza conciliare che, in tal senso, però trova il passo sbarrato in quanto nel documento non vi è separazione tra Scrittura e Tradizione. Questa duplice interpretazione deriva dalle differenti chiavi ermeneutiche che si devono possedere per accostarsi ai documenti conciliari in cui una tesi prevale sull'altra ma la tesi minoritaria non viene totalmente scartata e ciò al fine di mediare tra le varie posizioni e non abbandonare nessuno dei Padri conciliari.

Il capitolo secondo della *Dei Verbum* si chiude trattando la questione del magistero e al suo rapporto con la Tradizione e la Scrittura nella vita della Chiesa.

La sacra Tradizione e la sacra Scrittura costituiscono un solo sacro deposito della parola di Dio affidato alla Chiesa, e nell'adesione ad esso tutto il popolo santo, unito ai suoi Pastori, persevera assiduamente nell'insegnamento degli apostoli e nella comunione fraterna, nella frazione del pane e nelle orazioni (cfr. At 2,42 gr.), in modo che, nel ritenere, praticare e professare la fede trasmessa, concordino i presuli e i fedeli.

L'ufficio poi d'interpretare autenticamente la parola di Dio scritta o trasmessa è affidato al solo magistero vivo della Chiesa, la cui autorità è esercitata nel nome di Gesù Cristo. Il quale magistero però non è superiore alla parola di Dio ma ad essa serve, insegnando soltanto ciò che è stato trasmesso, in quanto, per divino mandato e con l'assistenza dello Spirito santo, piamente ascolta, santamente custodisce e fedelmente espone quella parola, e da questo unico deposito della fede attinge tutto ciò che propone a credere come rivelato da Dio.

È chiaro dunque che la sacra Tradizione, la sacra Scrittura e il magistero della Chiesa, per sapientissima disposizione di Dio, sono tra loro talmente connessi e congiunti da non potere indipendentemente sussistere, e tutti insieme, secondo il proprio modo, sotto l'azione di un solo Spirito santo, contribuiscono efficacemente alla salvezza delle anime[150].

Questo ultimo numero afferma, senza equivoci, tre elementi di grande importanza[151]. Il primo elemento che viene sottolineato è che il soggetto, visibile e storico, della Tradizione è la Chiesa tutta, formata da popolo e pastori, e destinata a conservare e trasmettere il *Depositum fidei*. Il secondo elemento di grande importanza che evidenzia un cambio di prospettiva non indifferente è la subordinazione del magistero alla Parola di Dio. Questo è importante se si pensa

150 *Dei Verbum*, 13-14.

151 F. Testaferri, *La Parola viva*, 129-135.

che nel preconcilio il magistero veniva concepito come un'autorità massima mentre in questo testo viene ridimensionato e messo al servizio del *Depositum fidei.* Vi è un carattere ministeriale del magistero. Terza e ultima affermazione è l'indicazione della specificità del servizio magisteriale: interpretare autenticamente il dato rivelato. Questo, però, non significa che solo il magistero deve interpretare. Il compito del magistero è di essere l'animatore ed il garante, per grazia divina e sotto l'assistenza dello Spirito santo, dell'interpretazione del dato rivelato. "Come l'animatore offre gli spunti e apre la strada, così il magistero propone ed espone. Come il garante tutela e preserva l'integrità, così il magistero ascolta e custodisce, a servizio di tutti e per il bene della Chiesa"[152]. Tutto il n. 10 va letto insieme alla costituzione dogmatica sulla Chiesa, *Lumen gentium,* nella quale si trova delineato il rapporto esistente tra magistero e Chiesa che, proprio in quegli anni del Concilio, veniva ripensato e riformulato in modo nuovo.

Dall'analisi compiuta sul secondo capitolo della *Dei Verbum* risulta, senza ombra di dubbio, che i Padri conciliari nel redigere e promulgare la costituzione hanno attinto a piene mani all'opera congariana che, proprio negli anni del Concilio, ha permesso di ripensare con coraggio un nuovo paradigma interpretativo dell'idea di Tradizione. Un'idea intrinseca e legata al DNA e all'essere della Chiesa; un'idea che riporta al centro il soggetto che trasmette e che riceve il "dono" della comunicazione; un'idea dinamica, in movimento, che progredisce e un'idea, infine, che non è solo un'idea ma che è vita vissuta nella sua totalità e che riguarda anche la prassi, i riti, il culto, le norme e tutto quello che appartiene alla vita della Chiesa.

---

152 *Ibidem,* 135.

Conclusioni

Senza pretese di esaustività l'elaborato presentato ha inteso tratteggiare a grandi linee il pensiero di Congar in merito alla Tradizione della Chiesa. Congar non è un autore sistematico e la sua teologia è dettata dal bisogno, sentito come un'urgenza, di offrire riflessioni e spunti di approfondimento ai problemi ecclesiali più urgenti nei periodi in cui si trovava ad operare. Non a caso Congar affrontò le tematiche della Tradizione alla fine degli anni Cinquanta e agli inizi degli anni Sessanta, proprio durante la preparazione e i primi lavori del Concilio Vaticano II, quando la Tradizione era sentita come una *vexata quaestio* a confronto con le confessioni protestanti. La trilogia sulla Tradizione è un continuo confronto e dialogo con le posizioni classiche dei riformati che l'autore considera e sviluppa per offrire nuove strade ai padri chiamati in Concilio.

La presente ricerca si è sforzata di mettere in luce la novità della riflessione del nostro autore rispetto all'impostazione classica che si aveva per quanto concerne il trattato della Tradizione dal tridentino in poi. Le novità che egli tentava di suggerire hanno trovato un'autorevole conferma e accreditamento nel Concilio Ecumenico Vaticano II e, in modo particolare, nel II capitolo della Costituzione dogmatica sulla divina rivelazione, *Dei Verbum.* Proprio per questa ragione ho cercato di dare rilievo alla attività di Congar al Concilio e soprattutto alla sua azione nella stesura della *Dei Verbum.*

Il Nostro sostiene che la Tradizione è il cuore della Chiesa, realtà viva e dinamica, realtà dialettica capace di coniugare in sé la continuità e il rinnovamento.

La Tradizione cristiana è la presenza attiva di un principio a tutta la storia del medesimo. Il principio, qui, è la rivelazione e la comunicazione che Dio ha fatto di sé stesso per gli uomini e per il mondo, per mezzo dei profeti, in Gesù Cristo, tramite gli apostoli. Ciò può essere paragonato a un fiume che sgorga da una sorgente e bagna molti paesi; o anche a un albero che cresce e butta rami carichi di frutti: quanto più esso si innalza verso il cielo, tanto più bisogna che le sue radici si abbarbichino e si ramifichino profondamente nella terra [...] La Tradizione infatti è quella presenza delle radici antiche e della loro linfa, nel presente, in potenza di futuro. La Tradizione è quel fluire della sorgente nel fiume, che lo fa scorrere in avanti[153].

Stando a queste considerazioni ci si deve guardare da due opposte tentazioni oggi abbastanza presenti anche a causa di una carenza di riflessione teologica al riguardo e di una recezione non adeguata o perlomeno parziale del Concilio: un eccessivo conservatorismo e immobilismo che, nelle punte più radicali, rischia addirittura di scadere in fondamentalismo o, al contrario, dal pericolo di inseguire troppo facilmente la novità senza ancorarsi saldamente alle radici della nostra fede e così scadere in un generico progressismo, effimero e senza sostanza, che negli atteggiamenti più enfatici finisce per generare più confusione che innovazione.

L'insegnamento che ci viene da Congar è quello di tenere insieme, dialetticamente, la Tradizione, la Scrittura e la Chiesa opponendosi ad una mentalità che contrappone queste realtà, esaltandone una a scapito delle altre. Tradizione e Scrittura, come viene affermato dal Vaticano II ma anche dal Concilio di Trento, sono in mutuo accordo e ci danno tutta la conoscenza della verità, rivelata per la nostra salvezza, che viene professata dalla e nella Chiesa. L'invito che il domenicano francese rivolge a tutti i fedeli è quello di superare le contrapposizioni, che si sono venute a creare con l'età moderna, e di recuperare in pieno una visione armonica ed unitaria della fede cristiana.

Sicuramente oggi i tempi sono cambiati:

Diversamente da ciò che avveniva nella cultura occidentale dei secoli passati, segnata nel suo insieme dalla fede cristiana, nella nostra cultura contemporanea secolarizzata il linguaggio dogmatico tradizionale della Chiesa non sembra più essere immediatamente comprensibile, quando non si presta a malintesi, anche per molti cristiani. Alcuni lo considerano persino un ostacolo alla trasmissione viva della fede.

Questo problema si aggrava quando la Chiesa cerca di penetrare nelle culture africane e asiatiche con i suoi dogmi che sono stati elaborati, dal punto di vista puramente storico, nel contesto della cultura greco-romana e occidentale. Ciò esige molto più che una semplice traduzione dei dogmi, per giungere a una inculturazione, il senso originale del dogma deve essere di nuovo compreso nel contesto di un'altra cultura[154].

---

[153] Y. M. Congar, *La Tradizione e la vita della Chiesa,* 6.

[154] Commissione teologica internazionale, *L'interpretazione dei dogmi,* Città del Vaticano: LEV, 1989, 11/2729s.

Inoltre non va dimenticato neanche che "l'età moderna è stata fortemente segnata da una certa rottura con il passato [...] L'epoca moderna occidentale è nata proprio da una perdita di memoria culturale, da un taglio con il passato e dal tempo che l'ha preceduta. La sua generazione sembra non aver vincoli con quella che l'ha preceduta, di non aver raccolto il testamento e quindi senza tradizione, di aver perso il tesoro del tempo e quindi interrotto quella continuità che avrebbe garantito l'eredità. La discontinuità fa sì che l'uomo moderno appaia come un estraneo, un incompiuto. Il "filo spezzato della tradizione" trascina con sé anche la perdita di autorità"[155]. E ancora si può affermare che la cultura contemporanea occidentale con il fenomeno della secolarizzazione che, oramai, la caratterizza ha demolito tutto quel mondo legato ad autorità esterne normative e dipendenti da una realtà trascendente e fondata sul mistero[156]. In un contesto simile la pretesa della Chiesa di aver autorità in nome della fede non viene accettata e la *Traditio fidei* che voglia rivendicare autorevolezza e normatività per quanto riguarda la vita di fede e morale incontra grandi difficoltà. Si fa fatica a riconoscere autorevolezza alla vita credente delle generazioni che ci hanno preceduto e ad un passato ormai considerato obsoleto e "superato".

Per questo è importante una "ricezione creativa" del tema Tradizione che sappia tener conto del nuovo contesto in cui ci troviamo a vivere, sempre più caratterizzato da una crisi crescente nel trasmettere la fede, da una società policentrica, multietnica, soggetta a rapide e continue trasformazioni e da una religiosità nomade, "fai da te", contrassegnata da un eccessivo soggettivismo che fa dell'individuo il metro di misura di tutte le cose, schiacciato in un "presentismo" senza più radici[157]. "L'urgenza, nel contesto dell'età secolare, sembra essere quella di far vedere che la fede in Gesù, trasmessa e vissuta

---

155 M. Paradiso, *Fenomenologia della fede,indagine analitico sintetica sulla fede, per un nuovo umanesimo,* Assisi: Cittadella Editrice, 2014, 77.

156 C. Tylor, *L'età secolare,* Milano: Feltrinelli Editore, 2009.

157 C. Theobald, *"Seguendo le orme..."della Dei Verbum, Bibbia, teologia e pratiche di lettura,* Bologna: Edizioni Dehoniane, 2011, 31-48.

autenticamente dalle comunità cristiane che ci hanno preceduto, ha migliorato la vita delle persone e delle società; così presentata la fede in Gesù diventa oggetto quanto meno di attenzione e così anche la sua *Traditio*, non solo nel senso di un contenuto creduto ma anche di una vita vissuta. Per tanti uomini del nostro tempo questa è l'unica opportunità per scoprire l'esperienza cristiana"[158].

Per quello che siamo chiamati a vivere è fondamentale, inoltre, rifarsi ai documenti del Vaticano II ma non fermarsi al Vaticano II in quanto sarà utile considerare la recezione successiva che la Chiesa ha compiuto riguardo all'idea teologica di Tradizione in uno spirito di "aggiornamento" per quanto riguarda un contesto culturale e sociale assolutamente inedito rispetto agli anni '60. Sarà allora utile conoscere, ad esempio, i testi della Pontificia Commissione Biblica quali *l'Interpretazione della bibbia nella Chiesa* del 1993 e *Il popolo ebraico e le sue sacre scritture nella bibbia cristiana* del 2001 e l'esortazione apostolica postsinodale di Benedetto XVI *Verbum Domini* del 2010, come anche gli orientamenti pastorali dell'episcopato italiano per il decennio 2010-2020 *Educare alla vita buona del vangelo*.

Dall'elaborazione teologica di Congar sulla Tradizione è possibile trovare ed approfondire delle soluzioni alle sfide che la teologia oggi si trova a dover affrontare. Una delle possibili strade che il Nostro mette in evidenza, per lo sviluppo del *Depositum fidei,* è il richiamo a prestare una particolare attenzione ai laici e all'esperienza che fanno, sotto la guida dei pastori, dei doni di Dio. Può essere questa una via da percorrere per affrontare, per esempio, la questione del ministero petrino. La riflessione dei teologi su queste tematiche potrebbe ricevere nuovi impulsi se si fermassero più a considerare l'esperienza che il popolo santo di Dio ha fatto e fa del ministero petrino come di altre questioni. "Uno sguardo di fede sulla realtà –dice papa Francesco- non può dimenticare di riconoscere ciò che semina lo Spirito Santo. Significherebbe non avere fiducia nella sua azione

[158] M. Paradiso, *Fenomenologia della fede,* 80

libera e generosa pensare che non ci sono autentici valori cristiani là dove una gran parte della popolazione ha ricevuto il Battesimo ed esprime la sua fede e la sua solidarietà fraterna in molteplici modi. Qui bisogna riconoscere molto più che dei "semi del Verbo", poiché si tratta di un'autentica fede cattolica con modalità proprie di espressione e di appartenenza alla Chiesa"[159].

Dal punto di vista ecumenico sarà invece importante approfondire il concetto di Tradizione e tradizioni nella comprensione di come unità non equivalga ad uniformità, così come sarà utile richiamarsi ed approfondire la Tradizione che le diverse confessioni cristiane hanno in comune a cominciare dai Padri della Chiesa e dai primi quattro concili, anche in vista di nuove convergenze e nuovi punti d'incontro. Sarebbe interessante a questo riguardo approfondire il dialogo cattolico-luterano sulla Tradizione e il rapporto Tradizione e Scrittura, a partire da un autore come Congar che tanto ha dato al dialogo con le Chiese e comunità nate dalla riforma, anche a motivo della prossima commemorazione del quinto centenario dell'inizio della riforma (1517-2017)[160]. Così come sarebbe importante, in occasione del prossimo sinodo panortodosso del 2016, approfondire, ad esempio, il tema della sinodalità come anche i monumenti della Tradizione quali i Padri e la liturgia in un dialogo e reciproco riconoscimento con i cristiani d'oriente.

Un altro aspetto della riflessione di Congar, che potrebbe essere approfondito, ed è stato solo toccato marginalmente è il capitolo sulle espressioni spontanee del cristianesimo e in modo particolare sul ruolo delle arti nella trasmissione della fede. La Chiesa, infatti, proietta ed imprime sé stessa nelle sue espressioni artistiche, ritrovandovi tracce significative della propria fede, della propria identità, della propria storia e anche anticipazioni del proprio futuro. L'arte è profondamente sensibile alle vicende e alle trasformazioni ecclesiali e

---

159 Papa Francesco, *Esortazione apostolica Evangelii gaudium,* Cinisello Balsamo: Edizioni San Paolo, 2013, 68.

160 Commissione luterana-cattolica sull'unità e la commemorazione comune della riforma nel 2017, *Dal conflitto alla comunione,* Bologna: Edizioni Dehoniane, 2014.

sociali, esprimendo il senso cristiano di una determinata epoca. È innegabile, solo per fare un esempio, che la Chiesa post-tridentina sia stata contrassegnata da uno spirito trionfalistico che ha trovato nel barocco un potente alleato. Generalizzando si può affermare che gli edifici sacri, specie quelli usati per le celebrazioni liturgiche, sono memoria della comunità cristiana che propongono e rilanciano nel tempo messaggi legati al mondo rituale e alle culture che li hanno espressi. L'arte, con il suo linguaggio altamente simbolico, è strumento particolare di Tradizione e comunione ecclesiale. Anche in questo caso, però, come nella riflessione teologica "Una tradizione concepita come la trasmissione di formule e che imponga l'imitazione di forme apprese scolasticamente, è un principio di sterilità, [...] Ogni tradizione comporta un mettersi alla scuola di altri. Vi sono però due forme di scuola: l'una insegna solo la docilità e l'imitazione; l'altra, al contrario, è un apprendere da coloro che hanno saputo e creato prima di noi, ma solo per ricevere l'animazione del loro soffio e riprendere il loro sforzo di *creazione* nello spirito che fu il loro ma che ridiventa, in una nuova generazione, libero e giovane e pieno di promesse com'era il primo giorno"[161].

---

161 Y. M. Congar, *La Tradizione e la vita della Chiesa,* 13.

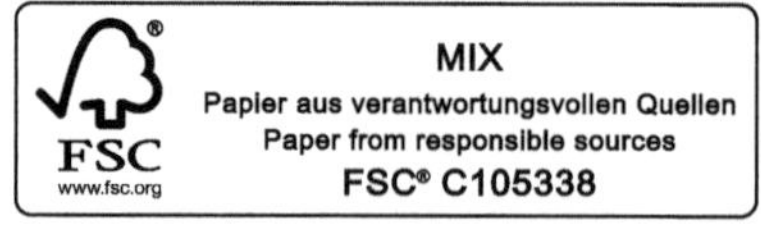

Printed by Books on Demand GmbH, Norderstedt / Germany